少林秘传绝技丛书

少林易筋经古传秘功

邓方华 编著

人民体育出版社

图书在版编目（CIP）数据

少林易筋经古传秘功 / 邓方华编著. -- 北京 : 人民体育出版社, 2018 (2022.3重印)
（少林秘传绝技丛书）
ISBN 978-7-5009-5479-8

Ⅰ. ①少… Ⅱ. ①邓… Ⅲ. ①易筋经(古代体育)—基本知识 Ⅳ. ①G852.6

中国版本图书馆CIP数据核字(2018)第263717号

*

人民体育出版社出版发行
国铁印务有限公司印刷
新 华 书 店 经 销

*

880×1230　32开本　11印张　253千字
2019年3月第1版　　2022年3月第2次印刷
印数：4,001—5,500册

*

ISBN 978-7-5009-5479-8
定价：42.00元

社址：北京市东城区体育馆路8号（天坛公园东门）
电话：67151482（发行部）　　邮编：100061
传真：67151483　　邮购：67118491
网址：www.sportspublish.cn
（购买本社图书，如遇有缺损页可与邮购部联系）

丛书插图制作

（排名不分先后）

邓方华	高　翔	凌　召
潘祝超	谢静超	赵爱民
黄守献	王松峰	李贡群
高　绅	黄冠杰	黄婷婷

总 序

2017年1月25日，中共中央办公厅、国务院办公厅印发了《关于实施中华优秀传统文化传承发展工程的意见》（以下简称《意见》），并发出通知，要求各地区各部门结合实际认真贯彻落实，体现了党和政府对中华优秀传统文化的重视。

在国民教育方面，《意见》提出：加强中华优秀传统文化相关学科建设，重视保护和发展具有重要文化价值和传承意义的“绝学”、冷门学科。在保护传承文化遗产方面，《意见》提出：推动民族传统体育项目的整理研究和保护传承。

中华武术有着几千年发展的历史，是中华民族在社会实践中创造的宝贵财富，是中华文化的重要组成部分。少林武术作为中华传统武术的优秀代表，其秘传绝技与武学秘籍一直是武术爱好者竞相学习和研究的对象。目前在国家的重视下，少林武术发展形势良好，但也存在可供学习的少林武术书籍相对较少的问题，因此，需要对少林武术的相关技艺进行整理出版，使中华武术进一步发扬光大。

《少林秘传绝技丛书》应运而生。本系列丛书依据“健康第一”的教育理念和“便于传承与发展”的要求，邀请有关专家参与编写，披露了少林武术的多种秘法绝艺。先期出版的有《少林点穴绝技》《少林擒拿绝技》《少林擒跌绝技》《少林短打绝技》《少林腿法绝技》《少林古传擒拿与点穴》《少林古传技击术》《少林八段锦古传秘功》《少林易筋经古传秘功》9本，后续还会出版相关系列图书。这套丛书既可作为武术爱好者学习研究的参考用书，也可作为各级各类武术教员的教学用书。

本系列丛书注重图文并茂，避免抽象化和纯理论化，意在提高现代武术爱好者的学习兴趣；立足于理论联系实际，突出学以致用要则；力求简洁明晰，便于阅读，便于练习。当然，不足之处在所难免，欢迎读者批评指正，以利今后进一步充实与完善。

内容提要

1.少林门中之内功，以易筋、洗髓二经为最精纯。易筋一经，全部共二十四段，分为前、后两部。每日依法勤练四五次，百日之后，则食量增加，筋骨舒畅，百病不生；至一两年后，则非但身体强健，精神饱满，且两臂之力，可举千斤。

2. 达摩易筋经十二势，乃民国武术家许禹生创编。他根据古传，“以其原有图势为主，而参以罗汉手中运动之意，兼采拳术之各种桩步”，“由浅入深，由简而繁”，“行时务使动作与呼吸相应，久之则气力增长，精神活泼，实为学拳术者成始成终之功夫”。

3. 熊氏易筋经，乃“精武体育会”武术家熊长卿家传秘功，共分三级。第一级不费力；第二级宜于初发育之少年；第三级之练力法，数年纯功，可臻力士地位。熊师“学易筋五周年”，“至二十二时，能抱考试武科三百斤石加三张刀共六百斤，在三丈径之场内，行二十周”，“又以三指捻香港仙士能摺”。

4. 少林易筋经吞气揉摩十二功，内以吞气，外以揉摩，内外兼修，正所谓“内练一口气，外练筋骨皮”，既能强身健体，祛病疗疾，又能增强功劲，抵打抗硬，是不可多得的易筋经秘功珍品。

5. 甘凤池易筋经，“虽绵弱之身，亦可易为金石之体”，“筋骨舒畅，精神饱满，百病不生，身体强健，克享遐龄，效验若此”，“久久加功，并指可贯牛腹，侧掌可断牛头，擎拳可碎虎脑，神勇无匹”。据传来自清代“江南大侠”甘凤池，“得南少林朝元大师亲炙，易筋经劲，身如铁石，臂力千斤，手能破坚”。

6. 清代光绪年，嵩山达摩嫡派空悟大师将《增益易筋洗髓内功图说》之秘本传于周述官，周徒张瑶于中华民国十九年公开出版《增演易筋洗髓内功图说》。嵩山达摩嫡派易筋经十二身图说，即节选张瑶石印本之“易筋经十二身”，谨供读者鉴赏。

目 录

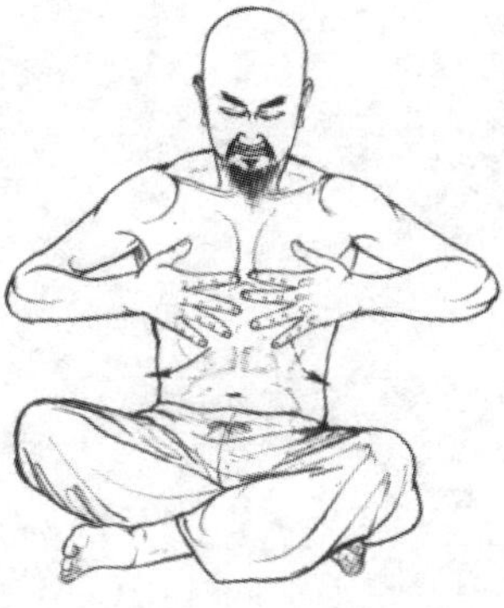

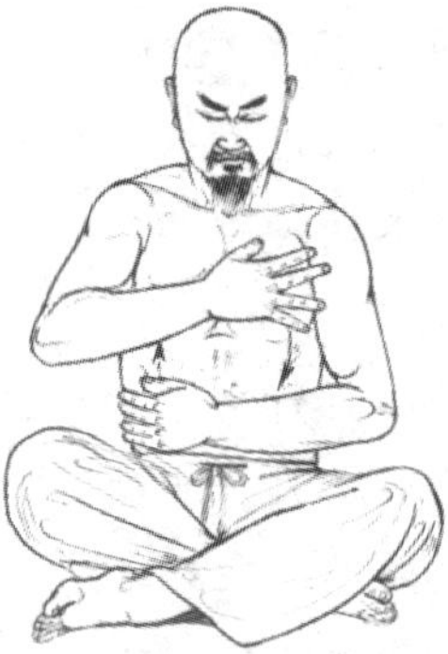

第一章

少林内功易筋经二十四段

第一节　内功易筋经练习法

一、少林内功与易筋经

少林门中之内功，以易筋、洗髓二经为最精纯。

洗髓一经，即本仙家伐毛洗髓之意，其高深奥妙，超乎一切武功，不易领悟，且其原本早已失传，世间即有此书，皆人搜集道藏附会而成，牵萝补屋，故不见其能收若何效果也。

唯易筋一经，少林门中犹有传法，并未泯灭，唯与世间外传颇有出入。外有人之言“易筋经”者，每分外功易筋经、内功易筋经者，是亦牵强之说也。吾人试考其命名之义，即可知易筋之只有一经，有不容强加分析之处也。

易者，换也；筋者，筋脉也。易筋云者，盖言去其原来羸弱无用之筋，而易以坚强有用之筋，亦即言练习此功之后，可以变易其筋骨，而使坚强有用也。由此观之，则功既同名“易筋”，而易筋之功夫，又属于少林之内功门中，又乌得而强分之耶？此实外人不细味其命名之义，而妄加分析也。

就余所知，易筋一经，实传自震旦初祖达摩禅师（图1-1），全部共二十四段，分为前、后两部。其前部较易练习，为入门之秘诀；其后部较为精奥，为成功之途径。今人不察，皆以前部为外功易筋经，而以后部为内功易筋经，实大误也。且有云，“外功易筋经为十二段，即今日通行之法；内功易筋经共二十四段，今已失传”，殊不知，前后共只二十四段也。

图1-1

此功夫练成之后，即入内功之中乘，能运柔成刚，以御外侮。所谓易筋者，非真能将人体之经络取出而换以坚强之筋，犹言练此功夫，日久之后，即可使筋骨坚强，胜于未练之时，如脱胎换骨。易筋云者，比喻之辞也。

每日依法勤练四五次，百日之后，则食量增加，筋骨舒畅，百病不生。至一两年后，则非但身体强健，精神饱满，且两臂之力，可举千斤。（图1–2）

图1–2

即为平素孱弱多病、力不足以缚雏者，练习一两年，亦可以一扫其孱弱，两臂增数百斤之力。至若年老之人，精气已衰，勤习此法，虽不足以返老还童，亦足以延年祛病。实为练力运气、舒展筋脉之妙法。

洗髓之经，余不得而见。易筋经则非但所见之本甚多，且曾事学习。同邑蒋觐园先生，曾得真传于少林老僧，且藏有真本。其文孙小溪曾假余抄录，且为余言其精奥之处。余以多病之身，练习一年之后，虽未能变懦夫为壮汉，而病魔远避，身体康宁。而所练者，犹仅其前段，于此可证此项功夫，实具有绝大功效也。

闻小溪言，觐园先生能运气于全身，尝命人以利刃刺之不能伤，唯力避耳目又两颊耳，其功夫皆从易筋经中练得，此又可证易筋经之可以御刀枪，并非虚语也。（金倜庵）

二、易筋经前部练习法

此部易筋经所列各法，共十有二段，每段动作不同，而各有其妙事。

宜于清晨薄暮之时，在空旷清洁之地，依法练习。待十二段行毕后，再从第一段复练，周而复始，晨夕各三次。

一年之后，则精神萎靡者，立可振作，而精神健旺者，则实力增加，神完气足，洵有易筋换骨之妙！但须每日行之，切不可稍有间断。若荒怠不勤，绝不能克期收效也。

第一段

【练法】

面向东而立，两足分开，中间相距一尺开阔。足之位置，须趾与跗同一方向，切忌踏成八字形。凝神调息，排除一切杂念，鼓气于腹，毋使走泄；头向上微昂，口宜紧闭，牙齿相接，舌尖舔住牙关；两目向前睁视，睛珠须定，不可稍有启闭。（图1–3）

然后，将两手折腕昂起，使掌心向下，掌尖向前，再缓缓略屈肘关节，将掌提起少许，至腰部稍下处为度。两掌虽上提，而两臂之气力，必须下注，如按桌跃身之状。（图1–4）

图1–3

图1–4

略加停顿之后，乃将十指运力，向上翘起，而掌根则运力捺下。行时须极缓，至极度后，再停顿片刻，乃放下手指，提起掌根，回复原状。

如此一翘一按，是为一度，徐行四十九度，而第一段功夫完毕。

【要点】

须默记其按，此段名混元一气之势，乃先天之象也。一翘一捺，得乎动机，停顿贯气，得乎静定，动静相因，而阴阳判、万物生矣。故以下各段，皆由此段而化生也。

行时，宜全神贯注于指掌之间，不可相离。日久之后，则气随神到而运于内，力由气生而行于外，内外相合，而超乎一切矣。若神气涣散、力不专注，是为大忌！在两手上提时，切不可上过于腰上，否则，非但不得其益，且有损于筋骨，慎之！慎之！

第二段

【练法】

行前段既毕之后，则将气力收起，复平常小立状态，使全身筋骨稍微舒展，以免过劳之弊。其休息之时间，则不必限定。

行第二段时，先将两足紧并，全身正立，鼓气闭口，昂头睁目，与第一段完全相同。（图1–5）

两手则将指屈转握拳，唯拇指伸直。此时握拳极松，不可用力。握定之后，则将拳移置于大腿之前面，拳心与腿面相贴，两大拇指遥遥相对。至此略停顿，之后，即将每手之拇指向上翘起，以至极度；同时，两手之其余四指则用力紧握，务用全力。而两臂之力则须下注，切不可有丝毫提劲。（图1–6）

图1–5

图1–6

略停片刻之后，两拇指徐徐放下，余指也慢慢松开，以复原状。两臂宜用提劲，使气力上收。

如此，一紧一松为一度。行时宜凝神注气，专心一志。行四十九度，第二段功夫毕矣。

【要点】

此一段，有将两拳贴置于大腿之旁侧，而拇指向前者，殊不得势。不得势，则力不充，力不充，则气不行，精神也因之而涣散，以之求功，尚可得乎？实谬误之甚也！

至于翘指之时，不能稍杂提劲者，则以气力下注，贯于拳指之间，俾拳能愈握愈紧，指能愈翘愈高也。

行此段功夫，亦宜出之徐缓，紧时则气力下注，松时则气力上提，一注一提，所以行气使力也。在表面观之，似乎功夫仅及于指臂，实则偏及于全身，盖以人身肢体，无不通连，而气之源流，又从内府行流而至，无所不及也。

在行功之时，最忌口鼻呼吸、身体摇动，因皆足以耗气散力也。

第三段

【练法】

行第二段功夫既毕之后，略事休息，再续行第三段。此段正立如前。（图1–7）

图1–7

先将两足分开，中间距离一尺左右，务须趾与跗成平线，忌作八字形。腿部宜运力下注，不可使稍有轻浮，否则，身体易于摇动，而致神气涣散也。昂头睁目，口闭牙接，鼓气于腹，与上两段同。

两手则将拇指先屈置掌心，余四指则紧握拇指之外面。两臂垂直，双拳置大腿之两侧，拳心贴腿，拳背向外，臂部并不用力，拳亦握得极松。略略停顿之后，即将两拳缓缓握紧，至极度为止；同时，运力于臂，使之下注，即用力将两臂挺直，使肘节突出，而气力易达于指掌之间也。（图1–8～图1–10）

图1–8

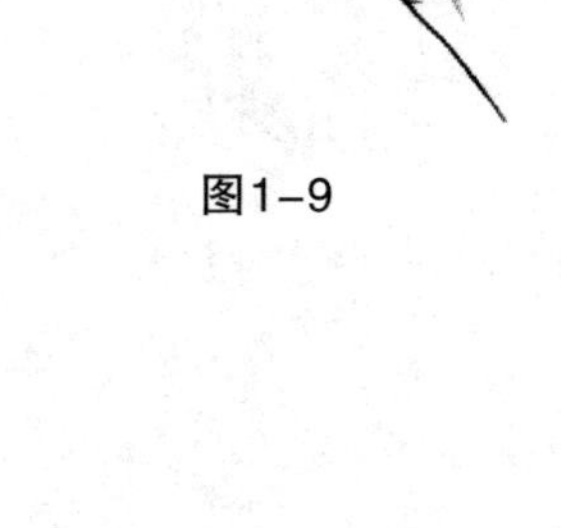

图1–9

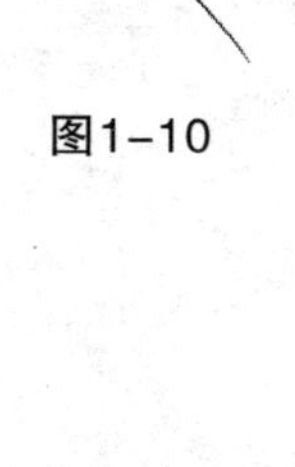

图1–10

略停片刻后，徐徐放松拳指，而回复原状。

如此，一紧一松为一度，共行四十九度，而第三段功夫毕矣。

【要点】

此段注力之点，在于拳臂。行气之法，一提一注，固与上段无所区别，但其间不同之处，亦不止一端：彼则并足，而此则分开；彼则伸直拇指，此则屈握拇指。皆各有其用意者。夫两足分开，所以使下盘牢固，不易摇动也。握拇指于掌中，所以实拳心而易于着力也。臂向下挺，而突其肘节，所以使全臂之气力，下注于拳也。而各段之动作相异无几，在功效上则差异甚大也。

行功之际，除动作之外，尤须注意于神气之贯注，务使精神气力融会一起，达则全达，敛则全敛。若精神气力不相融，虽练百年，亦是无益，学者宜加意焉！

第四段

【练法】

行第三段功夫既毕之后，休息片刻，以舒展筋骨，然后再续行第四段。

此段与以上各段不同。先全身正立，两足紧并，用足两腿之气力下注，以固下盘。（图1-11）

图1-11

然后，将两大拇指屈置掌中，而以余四指屈置其外，握之成拳。两拳由前向上举起，以平肩为度，拳心相对，虎口向上，两拳间之距离，则与肩膀之阔度相等。在上举之时，两臂宜直，上身切忌动摇。（图1–12）

图1–12

略略停顿，即运力将拳紧紧握拢，以至极度，两臂同时向前伸去，位置虽不能伸前若干，但气力则完全前注。

停顿片刻，则将拳放松，而收回两臂之伸劲。在伸出时，切忌左右荡动。

如此，一握一松为一度，共行四十九度，第四段功夫既毕矣。

【要点】

此一段乃气注平行之法，使气力进则注于拳臂，退则流行于肩背。盖握拳伸臂，两肩必向前探出，背部之筋肉势必紧张，此时气力完全前透。待松手收力，全部筋肉完全松弛，气力亦因而退行，流注于肩背各部矣。

此段最忌者，即为用力时两拳左右荡动，因两拳荡动，则全身之气力不能专注于前，而旁行散乱。势散神乱，行之非但不足以获益，反足以招害也，是宜特加注意！

第五段

【练法】

行第四段功夫毕，略事休息，更续行此第五段。

全身正立，两足紧并，昂头睁目，闭口咬齿，凝神鼓气，如第一段之形状。（图1–13）

将两手松拳，翻掌向外，徐徐从两旁举起，竖于头之上面，拳心相向，虎口向后，肘微弯，两臂须离开耳际一寸处，切不可紧贴。在两臂上举时，两足即随之踮起，两踵以离地一寸左右为度。（图1–14）

图1–13

图1–14

略略停顿片刻，乃将两拳紧紧一握，两臂则蓄力向下挫，似拉住铁杠，将身上收之状；同时，两踵再乘势向上举起，至极度而止。停顿片刻之后，再将两拳徐徐放松，收回气力，两踵亦缓缓放下，仍以至离地一寸左右为度。（图1–15）

图1–15

如此，一起一落为一度，共行四十九度，而第五段功夫毕矣。

【要点】

此一段功夫，乃将气力流注于全身之法。盖举踵踮趾，则腿、胯等处必气力贯注而后坚实。若气力不注，则腿、胯虚浮，腿、胯虚浮势必全身动摇，不能直立，难于行功矣。

至于两臂上举者，欲使肩、背、胸、胁、腰、腹等部之筋肉处处紧张，以便气力易于流注进退也。

此段中之最须注意者，即在紧握双拳之际，下挫其臂。所谓下挫者，乃运其两臂之全力，向下挫去，并非真令两臂做有形之动作也，此实为运意役使气力之法。

是当特加注意者，两踵之起落务宜徐缓，切忌猛疾！因起落猛疾，两踵易受震激，足以影响及于大脑与心房，为害甚烈，是亦切记！

第六段

【练法】

行第五段功夫既毕，略事休息，然后再续行第六段。

全身正立，昂头睁目，闭口鼓气如前。（图1–16）

先将两足分开，相距一尺左右，趾踵须成平行线，切不可踏成八字势，因八字势力不专注，且易动摇也。两手则将拇指放在外面，以余四指握拳，再将拇指放于指节之外。握时亦须松弛，不可过紧。（图1–17）

图1–16

图1–17

然后两臂从旁侧举起，拳心向上，至臂平直时，更屈转肘节，引肱竖起，至拳面适对两耳，全臂成三角形。拳以离耳一寸许为度，拳心则向肩尖。

略略停顿后，即将拳徐徐握紧，以至极度，前臂则用力向内折，上臂则用力向上抬。此皆系力行，不以形势行也。略事停顿后，即徐徐放开，以复原状。（图1–18、图1–19）

图1–18

图1–19

如此，一松一紧为一度，自始至终，共行四十九度，而第六段功夫毕矣。

【要点】

此段功夫，乃运使气力，进而流注于臂、肘、指节之间，退而流注于肩、背、胸廓之部。前臂内折，则筋肉紧张，气力易于前达；上臂上抬，则胸廓开展，肩背紧张，而气力易于流行，内府诸官，亦必因而舒伸，处处着力，毫不松懈。

唯行此之时，上身切忌动摇，两臂切忌震荡。欲免除此弊，在乎用力之时徐缓从事，若举动猛疾，则必难免也。

第七段

【练法】

行第六段功夫之后，休息片刻，再续行此第七段。

两足紧并，全身直立，昂头睁目，鼓气闭口如上。（图1-20）

两手则各将四指握在里面，而拇指扣于指节之外，拳握甚松，由正前向上提起。（图1-21）

图1-20

图1-21

提至肩前成平三角形时，略停片刻，即运力于肱，徐徐向左右分去，至平肩成一字形为度，拳心向下。上身则略向后仰，唯不能过度。在两臂分开之后，即将两足尖徐徐抬起，离地一寸许，专用两足跟着地；同时，将拳徐徐握紧，从鼻中吸入清气一口。（图1–22）

图1–22

吸尽一口，再将足尖轻轻放下，两拳缓缓放开；同时，从口中吐出浊气一口，以复原状。

如此，共行四十九度而功毕矣。

【要点】

此段乃运使气力旁行之法，而兼调内府者也。伸臂握拳，所以增加气力；一呼一吸，所以调理内府，即吐浊纳清之意也。故行功时，上身必须后仰，才可使胸廓开展，而可以尽量呼吸也。

至于足尖上抬之故，亦无非欲使下盘固实而不虚浮。盖足跟点地，气力若不贯注，非但动摇，且立见倾跌。学者于此，宜再三注意焉！

第八段

【练法】

行第七段后，休息片时，再续行此第八段。此段与第四段之法，大同小异。

并足正立，昂首睁目，屏息鼓气如前。（图1–23）

将两拇指先屈转，置于掌心，更以其余四指握其外，拳握甚松。再将拳由前向上举起，以平肩为度，虎口向上，拳心相对，唯两拳间之距离，并不限肩之阔度，相去检迩，距二三寸。在两拳上举时，两踵徐徐提起，离地二寸许，专用足尖点地。（图1–24）

图1–23

图1–24

然后，将两拳用力徐徐握紧，以至极度。略事停顿后，再将拳徐徐放松，两踵亦轻轻落下，着地时务须极轻。

如此，一紧一松为一度，前后共行四十九度而功毕矣。

【要点】

此段练空中悬动，使气力流注于上下各部。与第四段相异之处，在于两拳距离之远近及举踵与不举踵二事。

在握紧双拳之后，更宜将臂向外分去，以至与肩膀之阔度相等，至放松时，则更徐徐合拢。

行此段最难之点，则在于上身之向前后俯仰，而使下盘不能稳固。故此一段功夫，实较第四段为难也。

第九段

【练法】

行第八段功夫既毕，休息片刻，再续行第九段。

全身直立，头正目前视，上身须直，闭口鼓气如前，两足紧并。将两拇指屈置掌心，而以余四指握其外，拳握甚松。（图1–25）

图1–25

然后，将两拳从下面提起，务须在正前方上提，提至腹前，则屈其两肱，向上翻起，至当面为度。拳心向外，两拳面则斜向鼻尖之两旁，肘臂屈成三角形，两拳相距三寸许。

然后，更将拳徐徐握紧，以至极度；同时，将前臂用力向内翻转，上臂则用力向前逼出，肘节则向后面分引，各部同时运用气力。（图1–26、图1–27）

图1–26

图1–27

略事停顿之后，再徐徐放松双拳，收回各部气力，以复原状。如此，一松一紧为一度，自始至终，行四十九度而功毕矣。

【要点】

此段在翻肱向上时，宜似握千钧重物向上翻提之状，虽手中并未有物，心中当作如是想也。

此段有与第六段混为一谈，贻误世人，不知几许，故特加改正，并指其谬，以告学者。其与第六段不同之处，但须两相参看，亦不难领悟也。

第十段

【练法】

行毕第九段功夫之后，休息片刻，再续行此段。

正立如前，两足紧并，昂头挺胸，睁目突视，闭口屏息，鼓气于中。将两拇指屈置掌心，而以其余四指握之成拳，并不甚紧，虎口贴腿，拳心向后。（图1–28）

图1–28

将两臂从前面举起，至平肩之时，乃运肘力向左右两旁分去，与肩相平；同时，两肱亦向上竖起，举直为度。此时，两臂与头，适成一“山”字形，拳心向前，虎口向两耳。

略事停顿之后，徐徐将拳紧握，以至极度；同时，两臂用力向上托，如手托千斤之势，两肘节则向外逼出，如欲使之凑合者。但皆用虚力，而并非有形之动作。（图1–29、图1–30）

图1–29

图1–30

如此，停顿片刻，即徐徐松手。如此一松一紧为一度，共行四十九度而功毕矣。

【要点】

此段乃练气力之上行，除握拳之外，其余皆非有形之动作，亦运意使力之法也。即拳家所谓“意到神到而力随之”者是也。

此段有不知其中奥旨者，竟皆演有形之动作，则势乱神散，而欲收效，岂可得乎？荒谬之处，学者宜审思而明辨之，庶不至自误也。

第十一段

【练法】

行第十段功夫既毕，休息片刻，再续行第十一段。

全身正立，两足紧并，昂首睁目，闭口鼓气如前。（图1–31）

图1–31

两手则各先将四指屈置掌心，而以拇指护其外，握成极松之拳。（图1–32）

运用臂肘之力，将拳向上提起，置于小腹之前恰当肚脐之两侧，肘微屈，虎口斜对，拳面向下，拳心向内，拳距腹一寸许。（图1–33）

图1–32

图1–33

略事停顿，即将两手之四指，徐徐紧握，以至极度，而两拇指则用力上翘，愈高愈妙。两臂虽不作有形之动作，但气力却须上提，不可下注，似提千钧重物之状。（图1–34）

图1–34

停顿片刻，再将拇指徐徐放下，四指徐徐放松，而将两臂之气力，缓缓下注。

如此，一紧一松为一度，自始至终，共行九度，本段功夫毕矣。

【要点】

此段功夫，乃运气升降之法。在紧握之时，则自鼻中吸入清气一口；在放松之时，则自口中吐出浊气一口。唯须行之徐缓，吸须吸尽，吐须吐尽，切不可失调或中途停顿，致内部受到意外震激。

运力上提，本为无形之动作，两肩切不可向上耸起，是为至要也！

第十二段

【练法】

行第十一段功夫既毕，休息片刻，再续行第十二段。

全身正立，两足紧并，昂头睁目，闭口鼓气如前。两臂直垂，掌尖向下，掌心向前。（图1-35）

将两臂徐徐从前面举起，平肩为度，拇指在外，掌心向天，两手中间之距离与肩膀之阔度相等。在两手上举之际，两踵亦同时提起，以离地二寸许为度。（图1-36）

图1-35

图1-36

略略停顿之后，两手徐徐放下，两踵亦轻轻落地。

如此起落，各行十二度。

再举掌如前。手掌向上一抬，肘即向下一扎；同时，两踵提起，再轻轻收回，恢复原状。踵落地之后，即将足趾上翘起，离地以一寸为度。（图1–37、图1–38）

图1–37

图1–38

如此，亦连续行十二度，而全功毕矣。

【要点】

此段乃舒展全身筋络血脉之法。盖以上十一段功夫，各有功效，行时气力不免偏注，故必须用此一段调合之，而使气力贯注全体各部，无太过、不及之病。是亦犹打拳者，于一趟既毕之后，必散步片刻，然后休息也。

综上述十二段功夫，每日勤习，则三年之后，必可有成，而气力相随，无往而不可矣。

三、易筋经后部练习法

前部易筋经十二段，虽亦注重于气力相随，唯犹以力为主，刚多柔少，即以力行气之法也。练习成功之后，虽可以气力相随，但欲其遍及全身，流行于内膜，而无所阻阂，尚难如愿以偿。欲达到此种程度，必须练成前部易筋经之后，再接续后部。

但亦不能入手即练后部，因后部功夫，完全注重于运行气力于内膜，以充实其全身之筋肉，而不在于增加实力。然实力不足之人，欲其气力运行，固不易言，即算能练成，其效亦至微弱。所以，须先练前部者，盖亦增加实力，使与气相随，然后更进而练习后部，于纯柔之中求运行之道，自易于入手，且收效亦较为神速也。

故单练前部，不练后部则可；单练后部，则不可也。因单练前部，气力纵未能运行于内膜，然较未练时必增加数倍，而收身强力壮之效，即不再进步而求其能运行于内膜，亦足以祛病延年矣。后部则专讲运行之道，单单练此，毫无用处，所谓徒劳无功者是也。凡练少林内功者，对于此事，不可不知。

第一段

【练法】

先盘膝而坐，以右脚背加于左大腿之上，更将左脚从右膝外扳起，以左脚背加于右大腿之上，使两足心皆向上。此为双盘趺坐法。即寻常打坐，亦多用此法，唯须练习有素，始能自然。

坐时身宜正直，且不能有所依傍，而坐于木板之上。因棕藤之垫，质软而有弹力，易使人身体偏侧，故不相宜。

两手则紧握成拳，四指屈于内，而以拇指护其外。两拳放于大腿之上，须任其自然，不可稍微用力。将双睫下垂，眼露一缝，口紧闭，上下牙关相切，舌舔于牙关之内，冥心屏息，全身完全不用丝毫勉强之力，唯将精、气、神三者，用意想之法而注于丹田。在入手之初，决不能立时汇合，唯如此凝思存神，日久自见功效。（图1-39）

图1-39

【要点】

此段在未行功先，因心中杂念一时不易消灭。杂念不消，则心神不宁，心神不宁，则精神涣散，行功等于不行，不能收到丝毫效果。故先用此法，消其杂念，然后行功，自无妨碍。所以，必注想于丹田者，盖以其为内府之中宫也。

第二段

【练法】

行第一段功夫，大约一炊时为度，然后更续行第二段。

趺坐如前，两足并不放开，身体亦完全不动，唯两手则将握拳之指徐徐放开，以舒直为度。

然后，将两臂缓缓从侧旁举起，掌心向上，举至与肩平之时，则屈肱内引，由头上抄至身后面；同时，翻转手腕，使掌心向前，拇指在下，至玉枕穴后面时，两手渐渐接合，十指交叉，而抱持其后脑，两手掌根适按于耳门穴之上，两臂则成三角形。（图1-40、图1-41）

图1-40

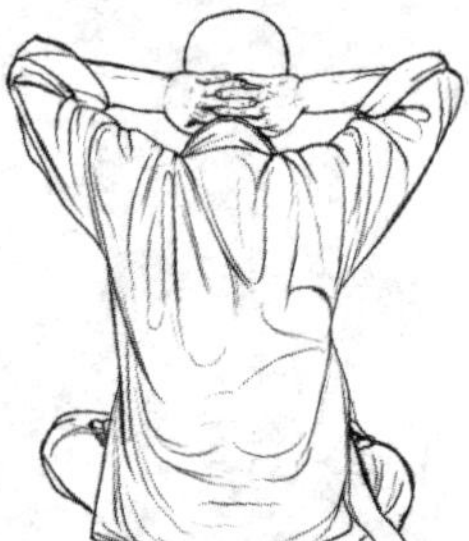

图1-41

抱时不宜有有形之力，头略后仰，胸稍前突。唯在两手动作之际，躯干各部不宜稍有震动，心意仍须注在丹田。

既抱住后脑之后，略事停顿，即提气上升，意想一口气，似由丹田而起，经过脐轮，上达心包，而过喉结，直至顶门，而停留片刻。再使由顶门向后转下，经玉枕穴由颈椎沿脊而下，过尾闾抄至海底，再转上而回丹田。

初行时，不过是一种意想，气力必不遵此途径而运行自在。唯练习既久，自有成效。唯行此功夫时，须一切纯任自然，不可有丝毫勉强，且不可过于贪功，是学者宜注意者也。

【要点】

此一段功夫，乃使气力转运循环之法。

盖顶门百会穴，实为首部要区，而脐下之丹田穴，实为内府宝库，同一紧要。故气力上升，则贮于百会；气力下降，则归于丹田。一升一降，即周天循环之道；一起一伏，为阴阳造化之机。所以，须一切纯任自然者，盖本乎先天之静穆，而致后天之生动。

练习时，以循环二度而停止，乃将双手放开，握拳收至两膝上，回复原状。

第三段

【练法】

行第二段功夫之后，乃将圈盘之腿缓缓放下，略事休息，使腿部之筋骨得以舒展，气血不至因而壅阻。但在此休息之时，心神犹须宁静，切不可起丝毫杂念。

一炊时后，再将两足徐徐向前伸出，至腿部平直为度。两腿紧并，两足跟之后部放于板上，跖则直竖，足心向前，足尖向上。更将上身徐徐下俯，两手从两旁侧抄向前方，至足前时，乃交叉十指，收住两足。须将两足用力向前伸挺，而两手则向后拉引，方为得力，腰、背两部始可因之紧张。成此姿势之后，乃将贮留丹田之气运于肩、背、腰、股各部。（图1–42、图1–43）

图1–42

图1–43

初时，亦仅意想可到，练至功夫渐深，则气力亦可随之俱到矣。行此一段功夫，亦以一炊时为度，然后徐徐放开，回原来之平坐状态。

【要点】

此一段，乃充实软裆各部之法，其主要之处，则在乎腰间。因此一部，在人身各部之中最为软弱，气力亦最不易贯注，故行时必须俯身至极度，然后始能使腰部之筋肉紧张，筋肉紧张之后，气力亦较易达到。勤加练习，自有妙用。

唯身体起落时，务当徐缓，切不可左右摆动，以乱其神而散其气，是为最要。学者慎之！

第四段

【练法】

行第三段功夫既毕，略为休息，更续行第四段。

先将两脚缓缓盘起，以右脚背置于左大腿上面，然后将左脚从右膝外扳起，放于右大腿之上面，两脚心皆向上，成为双盘坐之势。唯在两腿盘坐时，上身切忌向前后或左右摇动。

坐定之后，宁神一志，注气于丹田，摒除一切杂念。稍事停顿，两手即徐徐翻腕，使掌心向外。

然后，两臂从左右两侧缓缓上举，至顶门上面相合，交叉十指，再将腕向前翻转，而使掌心向上，两掌用力上托；同时，运用其气，使从丹田向上提起，转入两臂，而达于指掌。也用以意驭神、以神驭气之法，并无有形之动作，唯意念专注耳。（图1–44）

图1–44

行此一段功夫，亦以一炊时为度。然后，徐徐将手松开，将两臂仍从两旁侧落下，运气下降，回复原状。

【要点】

此段乃行气于臂指之法，较第三段为难。因臂部肌肉坚实，气不易行，如欲练至意到气达、气到力随之境，非短时间可能奏效，颇费苦功也。

其所以须盘坐而行者，固实其下盘也。架手于顶门，则可使全身上提，正直得势，使气易于上达，更不致中途多有阻阂也。在两手动作之时，务须徐缓，而固其神气，不可粗率也。

第五段

【练法】

行第四段功夫既毕之后，乃将所盘之两腿徐徐放开，向前伸出，以腿直为度。两足相并，以足跟之后部放于板上，足心则向前，足尖则向上，略略休息之后，即续行第五段功夫。

先将两手由两旁侧之下面徐徐移向后方，至尾闾穴之后，两手相合，交叉十指，将腕翻转，使掌心向正后方，而两手背贴于尾闾穴之两旁，须要贴得紧紧，不可稍有松浮。两肩头则用力向前逼出，兼向上耸，务必使肩、背部分之筋肉紧张异常。然后，用意想之法，运用其气力，使充实其肩、背。起初，不可意行，久后，自能达到。（图1–45、图1–46）

图1-45

图1-46

行此一段功大，亦以 炊时为度，然后，徐徐收回双手，回复原状。

【要点】

此段之所以两手放于后面，及两肩前逼而兼上耸者，无非欲使肩、背等部分之筋肉紧张，而易于运行其气，使之到达，不致多所阻阂也。唯在运气之时，并无有形之动作，纯以意行耳。

第六段

【练法】

行第五段功夫既毕，略事休息，然后续行第六段。

先将两足收回，成双盘之状，以右脚背加于左大腿上面，更将左脚从右膝之外面扳起，亦将脚背放于右大腿上面，使成双盘坐法，与第一段相同。

两足动作时，上身切忌摇动。坐定之后，先将两手从旁移至前面，至脐下时，两手相合，而交叉其十指，翻腕向内，以掌心捧住小腹。

初时，并不用力，冥心存念，略定神思，然后运气，由丹田而注于肾囊，以活动其睾丸。停顿少许后，乃提气上升，以回原处，做似欲将两睾丸吸入腹中之想。在提气上升之际，两手心亦渐渐用力，略作向上摩起之势。略停片刻，更运气注于肾囊。（图1–47）

图1–47

如此升降，各十二度而功毕矣。

【要点】

肾囊为人身最重要之物，睾丸又极嫩弱，稍受外力，即易破损。此一段功夫，乃专练收敛睾丸之法，即世称之“敛阴功”是也。

在初练之时，睾丸必难随气升降，然练习稍久，即易活动，反较运气于肩、背等易于收效。因肾囊为筋络所成，中空而运接于小腹，与丹田相距甚近，故气力易于运到，待练习既久，睾丸自能随气升降矣。此功成，敌纵欲取我下部而制我之命，亦无从下手。

第七段

【练法】

行第六段功夫既毕，略事休息，再续行第七段。

上身及两腿完全不动，就原势略略加以停顿耳。两手则从小腹徐徐撤下，移向两股之侧，按于板上，拇指在内，掌尖则向前面，掌按木板不宜过分用力，但求其能相贴合耳。

心神既定之后，则将两臂徐徐用力下注，意欲将上身做向上升起之状，唯并非有形之动作。同时，提气上升，使之充于胸廓，停滞不动。历一呼吸之久，再将气从原道降下，停于丹田，而两臂之力亦同时松弛，回复原状。更隔一呼吸时，再提气上升如前。如此，升降各十二度为止。（图1–48、图1–49）

图1–48

图1–49

此段功夫，虽不甚难，但在初入手时，亦不免有所阻碍，须经过若干时后，始可升降自如。

【要点】

此一段功夫，乃充实胸廓之法，运气于内，故较行于筋膜之间为易。唯运行虽易，而停滞一事，极为繁难。若神气未能完固之人，决难达于此境目的，此即道家所谓“凝神铸气”之法也。

初入手时，未能久停，为时不妨稍暂，以后可逐渐加长也。是在学者自己斟酌之。

第八段

【练法】

行第七段功夫既毕之后，即就原势略事休息，调和气力，使之稍弛展，然后再续行第八段。

此段上身与两足皆不动，一如以上两段之姿势，唯将两手提起，使离开板面。

然后，徐徐向前移去，绕至两脚心之上面，即以左掌心紧按右足心，右掌心紧按左足心，以中渚穴紧对涌泉穴也。拇指在内，掌尖相对，两肘微屈，臂部并不用十分气力，但以手足两心贴合为度。（图1–50）

图1–50

略略停顿之后，始将两臂稍微用力撑住；同时，将气从丹田中运行而出，使之从下朝左，转上绕右而下，回至丹田，在脐之四周绕一圆圈，上及肚子之下，旁及前腰。

如此，运行一周之后，即休息，一呼吸时，再为运行，以九度为止。若为女子，则宜自右而左。

【要点】

此段乃练气充实肚腹之法，而兼及于腰肾之前部者。行时，宜先鼓足其气，使之略一停滞，然后再运之，循轨而行，似较稍易。唯在运行之时，非但外表不宜显有形之动作，如身体动摇等，即内部亦不宜有迸气挣力之象，须纯任其自然。初时未必能尽如我意，久后必可成功也。

第九段

【练法】

行第八段功夫既毕之后，仍就双盘坐之原势，略事休息。上身与腿足完全不动，一如上段，唯将两手徐徐移至侧面，仍按于板上。休息约三个呼吸时，则续行此第九段。

先将左手在前面徐徐向斜上方屈肱举起，至右肩上，即用手掌搭于肩上，掌心适按于右肩窝穴上，五指则在肩后，肱紧贴于胸胁前。

然后，再将右手亦从前面向斜上方徐徐屈肱举起，右掌心按住左肩窝穴，肱则紧贴于左肱之外侧，用力缓缓搿紧（搿：用力抱），而使其肩、背筋肉紧张至极度；同时，运用丹田之气，使之上升，而充实其肩、背之内部。初时，绝难气随神到，但宜用意想之法行之；日久之后，自能运行无阻。（图1-51、图1-52）

图1-51

图1-52

【要点】

此一段亦系行气于肩、背之法。肩、背以筋杂肉薄之故，气力殊不易运到，唯其不易运到，故须多练，而后部易筋经中，对于练习肩、背之法独多，亦为此也。行时所以必两手抱肩、紧聚相搿者，亦正欲使其肩、背紧张，而气易于贯注也。

第十段

【练法】

行第九段功夫毕，先将左手徐徐放下，按于板上，再将右手落下按板。然后，将圈盘之腿徐徐放开，直伸于前。略事休息，更续行第十段。

须将两脚收回，屈膝而跪，两腿紧紧相靠，脚背贴板，臀部坐于小腿之上面，尾闾则紧靠两脚跟。上身略向后仰，头正目前视。但经此一番动作，心神必外瞀（mào），故须休息片刻，加以收摄。

心神既定，则徐徐将两手从侧面抄至前下方，屈肱向上举起，至心窝旁、两乳下为度，乃将两手掌轻轻按于胁上，两肘则略略用力后引，唯非有形动作！按定之后，即提气上升，用意想之法，使之充满于两乳房，停滞不动。历一呼吸之久，仍从原路使之下降。如此，升降各九度而止。（图1–53）

图1–53

【要点】

乳房在胸前亦系主要之部分，而膺窗、乳根等大穴皆在于此；若不练气使之充实，最易为外力所伤，与敛阴功一段功夫，实有同等之紧要！

此段之所跪行者，盖欲使上身正直，而气易于运行也。两手按胁者，即所以示气循行之路也。

第十一段

【练法】

行第十段毕，即就原势略休息片刻，两手则徐徐放下，垂于旁侧，稍稍舒展，续行第十一段。

先将两手稍微举起，徐徐移向前面，至膝盖之上，乃将右掌心按于右膝盖，左掌心按于左膝盖，即膝骨与腿骨接合之处。拇指在内，指尖向前，两臂稍用力作撑拄之状，上身则向后作倚靠之势，头则后仰至极度。（图1–54）

图1–54

心神既定之后，则提气上升，经脐轮、心坎等部而上起，至喉结穴而停留不动，使喉部充实。

如此历一呼吸时，仍将气下降，停于丹田。亦经一呼吸之时，再运气上升而充注于喉结。

如此，升降各九次，乃将上身徐徐坐直，头亦下俯，两手收回，垂于两侧，回复原状。

【要点】

咽喉为人身最重要之地，生死关头之所系，且喉管为一软骨，虽有筋肉护于其外，奈极薄弱，故此部极易受伤，稍重即足致命，故必须加以锻炼。若能运气于喉，而充实其内部，功夫精纯时，即快刀快剑，亦不足损其毫发矣。唯咽喉功夫，亦极不易练耳。

第十二段

【练法】

行第十一段功夫既毕，则将上身抬起，而使两足徐徐舒展，直伸于前。略事休息，即收起两足盘坐，仍以右脚背置于左大腿上，而左脚背则置于右大腿上，成双盘坐之势。

在动作之后，神志不免外瞀，故须冥目静心，以收摄之。待心神既定之后，即将两手移至前方，上下相向，右手在下，左手在上，掌心相合。然后，用力将左掌自左而右，旋摩七十二度。再翻转两手，使右手在上，左手在下，用右掌之力，自右而左，亦用力旋摩七十二度。（图1–55）

图1–55

此时，掌心热如火发，乃将两掌移贴后腰，先由外转内，旋摩七十二度，更由内而外，亦旋摩七十二度。则此段功夫毕矣。（图1–56）

仍收回两手，成第十二段趺坐之势。

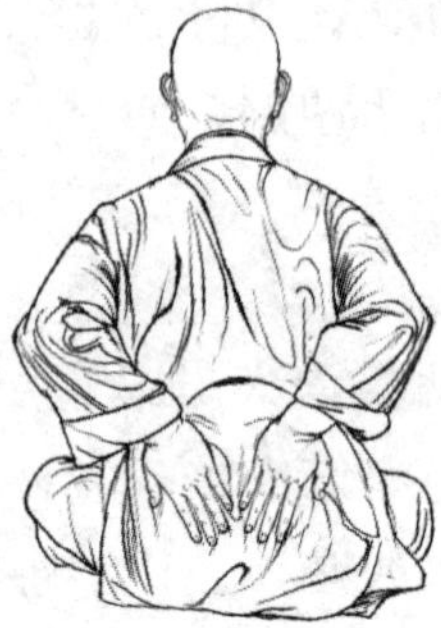

图1–56

【要点】

此十二段功夫，皆系坐行之法，甚不易行，且久坐伤精，为行功十八伤之一。

此一段加于后，良非无故，盖恐行功之人久坐而损伤其精，故用此段摩腰以养其精。后腰，精之门也，精门和暖，则生气自足，更不虞其损伤矣。

第二节　少林内功秘诀

一、内功与外功之区别

凡练习武术之人，除各种拳法之外，必兼练一两种功夫以辅其不足。盖以拳法为临敌时动作之法则，而功夫则为制敌取胜之根本。若练就功夫而不谙拳法，应敌时虽不免为人所乘，其吃亏尚小；若单知拳法而不习功夫，则动作虽灵敏，然不足以制人，结果必大吃其亏。故有“打拳不练功，到老一场空”之谚。此功夫之不可不练也。

功夫之种类，亦繁复众多，不遑枚举，然就大体区分之，则不出乎两种，即外功与内功是也。

外功则专练刚劲，如打马鞍石、铁臂膊等，制人则有余，而自卫则不足。（图1–57）

图1–57

内功则专练柔劲，如易筋经、捶练等法，皆行气入膜，以充实其全体，虽不足以制人，而练至炉火纯青之境，非但拳打脚踢不能损伤其毫发，即刀劈剑刺，亦不能稍受伤害。依此而论，则内功之优于外功，固不待智者而后知也。（图1–58）

图1–58

且练习武术之人，本以强健体魄、祛病延年为本旨，学之兼以防毒蛇猛兽之侵凌及盗贼意外等患害，非所以教人尚攻杀斗狠者也。故涵虚禅师之言曰："学武技者，尚德不尚力，重守不重攻，唯守斯静，静是生机，唯攻乃动，动是死机。"练外功者，劈击点刺，念念在于制人，是重于攻，若守则此等功夫完全失其效用。攻则非但可以杀人，亦且足以自杀，所谓之死机。练内功者，运气充体，如筑壁垒，念念在于自保。他人来攻，即有功夫兵刃，皆不足以伤害我，我亦处之泰然，任其袭击，亦不至于杀人。则守之一字，其功正大，既能自保，亦正不必再出手攻人，因攻我者不能得志，势必知难而退也，故谓之生机。

然世之学武者，又恒多练习外功，而少见练内功者，则又何故耶？因外功一事，学习既较为便利，而所费时日又较短少，无论所习者为何种外功，多则三年，少则一年，必可见效。如练打马鞍石，三年之后，拳如铁石，用力一击，可洞坚壁。至若内功，则殊不易言成，一层进一层，深奥异常，学之既繁复难行，而所费时日，亦必数倍于外功，且不能限期成功，故人皆畏其难而却步矣。

他派固勿论，即投身少林门中者，彼未始不知少林一派中亦有精纯之内功，顾皆舍此而习外功者，实避重就轻之心理使然也。至练习内功，略无根基，入手即练，其难自不待言。若意志坚强，身体壮健，而其人又具夙慧者，练此最为相宜，因内功固重于悟性也。

二、少林内功与道家内功之异同

少林中之所谓内功者，是否与道家之内壮功夫相同，此问题亦为须解决者。

大概今人之言内功者，皆指道家炼丹修道之内功而言，所以谓少林系外家而无内功者，亦由于是。盖少林为释氏之徒，以拯拔一切众生为旨，非专修一己之寿命者，故无所谓炼丹等事。因此外界遂以为既无修炼之术，自然绝无内功之言矣，此诚极大之谬误也！

殊不知少林武术之内功与道家之内功固截然不同，二者可相印证、可相发明，而绝不能混为一谈也。然其间亦微有相同之处，即运行气血以充实身体是也。兹且分述其不同之点，以证明少林武术中之内功，非即道家之所谓内功也；亦所以证内功，少林派中亦自有之，而非武当所专擅者也。

夫道家之所谓修炼者，其主旨在于证道成仙，其练法则重于运气、凝神、聚精，使三者互相结合，将本身内阴、阳二气相融会，而名之曰“和合阴阳”。阴阳既和，又必使其精神媾合，如行夫妇道，则名为“龙虎媾”。既媾之后，精神凝聚，如妇人之媾而成孕，则名为“圣母灵胎”。待此灵胎结成，而具我象，则名为“胚育婴儿”，而大丹成矣。由此而证道登仙矣。

练此者为内功，而彼以烧铅、练汞者，固不与焉。然其所谓内功，虽非如是简略容易，但就此以推求之，则与武功竟无丝毫之关系。虽证道之后，成为不坏之身，而不虞外面之侵害，但成者，古今来能有几人哉？

至于少林中之武术内功，则无所谓灵胎、胚育等能事，唯运气则相同，其主旨在于以神役气，以气使力，以力凝神，三者循回往复，周行不息，则身健而肉坚矣。吾人之生也，固全恃乎气血，而气之运行，完全在于内府，而外与血液依筋络而循行相应；而体膜之间，气固不能达也。

少林武术内功之所谓内功者，即将气连于内膜，而使身体坚强之法也，亦非如道家修炼之气注丹田、融精会神也。此功练成之后，虽不能名登仙籍，长生不老，而全身坚实，我欲气之注于何处，则气即至何处。气至之处，筋肉如铁，非但拳打足踢所不能伤，即剑刺斧劈亦所不惧，以气充于内也。

后所谓金钟罩、铁布衫等法，仅练得内功之一部分而已，实未足以语此也。此等功夫，练者虽不多，然吾人犹能于千百人中见其一二，非若真仙不能一见者也。此少林之内功，练习较外功固繁难多倍，然较诸武当道家之内功，犹容易不少也。

三、内功之关键

练习内功，极难入手，非若练外功之专靠肢体之动作与勤行不怠即可收效也。因内功之重者，在于运气。我欲气至背，气即充于背，我欲气至臂，气即充于臂，任意所之，无往不可，斯能收其实用。试思，欲其如此，谈何容易。夫气本不能自行，其行，神行之也。故在入手之初，当以神驭气。盖入手时，毫无根基，而欲气之任意运行而无所阻阂，固所不能。

所谓以神驭气者，即从想念入手。如我欲气注于背，我之意想先气而达于背，气虽未到，神则已到。如此久思，气必能渐渐随神俱到，所谓气以神行者是也。此一步法则，亦极难办到，由意想而成为事实，颇费周折，万事皆然也。

在初行之时，固定一部而加以运用，先则意至，次则神随意至，终则气随神至。达最后一步后，再另换一个部分，依法运行之。如此一处处逐渐更换，以迄全身。乃更进一步，使气可随神运行全身各部而毫无阻滞，斯则大功可成矣。唯“以神驭气”四字，言之匪艰，行之唯艰，练至成功，其间不知须经过多少周折，而行功唯一之关键，即在于此。

第二章

少林达摩易筋经十二势

第一节 概 述

（一）

世之言拳术者，多宗少林，而少林之传，始自达摩初祖。（图2-1）

盖于五代之季，来居此寺，见僧徒等虽日从事于明心见性之学（参禅静坐以求明悟之类），然类皆精神萎靡，筋肉衰弱；每

图2-1

值说法入座，即觉昏钝不振，殆于身心合一、性命双修之意，尚未彻悟也。

乃训示徒众曰："佛法虽外乎躯壳，然未了解此性，终不能先令灵魂与躯壳相离，是欲见性，必先强身，盖躯壳强而后灵魂易悟也（虽系宗教家言，然与今世体育家所主张身心合一、精神与肉体同一锻炼之说吻合）。果皆如众生之志靡神昏，一入蒲团，睡魔即侵，则见性之功，俟诸何日？吾今为诸生先立一强身术，每日晨光熹微，同起而习之，必当日进而有功也。"乃为徒众立一练习法，其前后左右，不过十八势而已，名"十八罗汉手"。

后人变化增添，以作技艺，曰"少林派"。（图2-2）

图2-2

（二）

内家祖述武当，外家祖述少林，学有渊源，方为探本。余幼喜修养之术，于《内经导引》《华佗五禽》之书，靡所不读，熊经鸟引，动诸关节，呼吸吐纳，锻炼神气，皆所以祛病延年，使人难老也。

然其术流传既久，难免失真，嗣得旧藏达摩初祖之《易筋经》读之，其内壮养神气，外壮练筋骨，并附有站功十二势，每势皆有歌诀，颇具深意。习者不察，徒事皮相，模仿形势，而未悉其以心行气，以气运身之精意，甚可惜也。余尝谓人身系精神与肉身二者合成，锻炼方法，自应本身心合一、二者兼施之旨，方能有效，俾合于近代体育上之修养，使人人得完成其人格。

（三）

又尝观达摩祖师传岳武穆之《内壮易筋经》，少林寺僧多传习之。经分上、下两卷，有内、外功之别。内功主静，练气为主；外功主动，练力为主。

上卷内功，程序计分五步：首积气腹中，以为基础。次锻炼前身胸、肋各部，附骨筋膜（膜为包骨，白色；筋层今名曰“腱”），使气充盈胸、腹、两胁。锻炼腰背、脊骨、筋膜，使气盈脊骨。上体气既用遍，深层筋膜腾起，乃导行四肢（先上肢后下肢）。内壮已成，方行外壮以增勇力。

下卷十二势，盖锻炼外壮者也，与少林拳术之十八罗汉手大半相同，疑出一源；且十二势为原本所无，始少林寺僧好事者增入之耳，故乃名为少林十二势。

今以其原有图势为主，而参以罗汉手中运动之意，兼采拳术之各种桩步，本体操教练之法，每势编做法数段，由浅入深，由简而繁。视各势可合做者，则为连续之，以便教练。并为体察运动部分，主要骨骼、筋肉分注于下，以明运动生理。就原有歌诀阐明其义，以唤起学者之注意，复本其姿势动作，以求应用之所在，用作习拳术者之初步云。

（四）

凡习此功者，应先排步直立，呼浊吸清，挣腰鼓肘（此乃足肘及膝也），凝神静气，端正姿势，然后行之。

行时务使动作与呼吸相应，久之则气力增长，精神活泼，实为学拳术者成始终之功夫，幸勿以其简易而忽视之也。（许禹生）

第二节　达摩易筋经十二势解析

第一势　韦驮献杵第一势

【古诀】

立身期正直，环拱手当胸。

气定神皆敛，心澄貌亦恭。（图2-3、图2-4）

【解析】

取两手当胸，平托一物，献递与人之意。

亦名“环拱势”，又名“上翼势”，则因形态命名也。

此为直立势之一。做此势时，须气沉丹田，精神内敛，心澄志一，貌自恭敬。

乃正身直立，做立正势，平屈两臂，掌心向上，自胁下循胁徐徐上托，至胸前停顿，双腕平直，屈肱内向，环拱胸前，故曰“环拱手当胸”也。

立身期正直
環拱手當胸
氣定神皆斂
心澄貌亦恭

图2-3

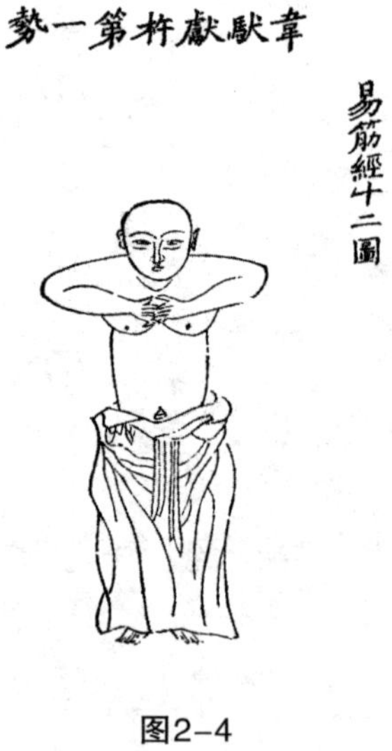

图2-4

第一段

（一）屈臂平托

由预备势，两臂平屈，两肘上提，使与肩平，两手作掌，掌心向上，由两胁下（软肋出）顺胁上托，指尖相对，经胸骨前至两乳上停顿，指尖相对；两眼平视，同时，足踵提起。（图2–5、图2–6）

图2–5

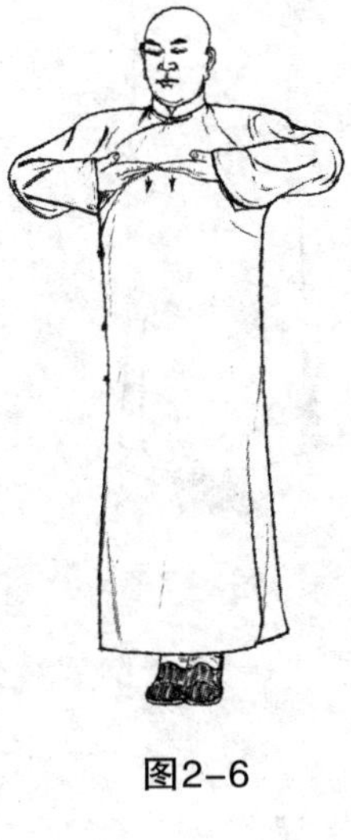

图2–6

（二）两手下按

两掌翻转向下，至胸高处，分顺两胁下按，至胯旁停止。（图2-7、图2-8）

还原预备势。

图2-7

图2-8

第二段

（一）屈臂平托

与第一段（一）动同。（图2–9、图2–10）

图2–9

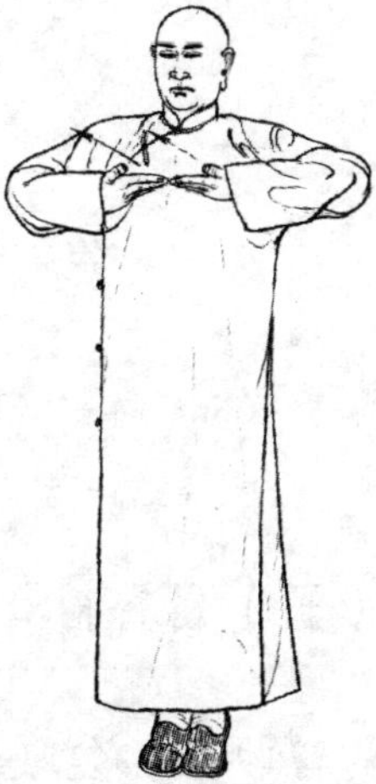

图2–10

图2-11

（二）横掌前推

两掌翻转向前（掌横指对，手心向前）。（图2-11）

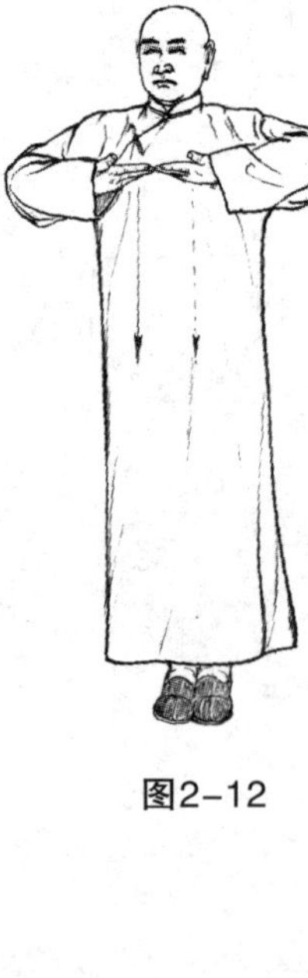

图2-12

（三）屈臂前托

两臂收回，复（一）之姿势。（图2-12）

（四）两手下按

与第一段（二）动同。（图2-13）

图2-13

第三段

（一）两臂平屈

由预备势，两肘上提与肩水平，同时，平屈两臂，掌心向下，指尖相对，经胸骨前，至两乳停顿。（图2-14）

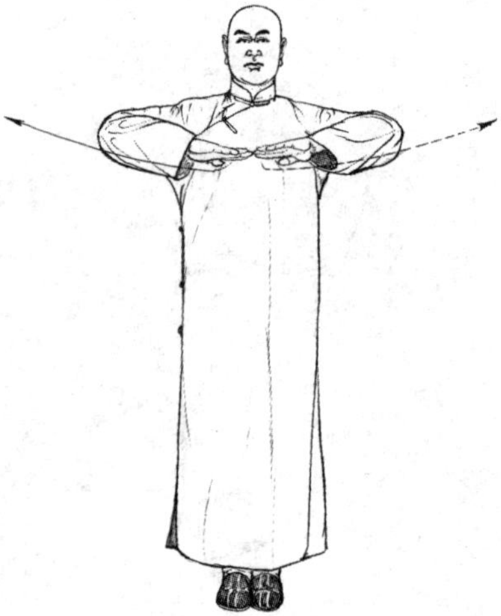

图2-14

（二）两臂平分

由上动作，两臂上膊骨不动，前膊骨平向左右分开，至成一直线为度。（图2–15）

图2–15

图2–16

（三）屈臂平托

上膊骨不动，两臂下屈，两掌经胸骨前上托，至两乳上停顿。与第一段（一）动同。（图2–16）

图2–17

（四）两手下按

与第一段（二）动同。（图2–17）

第四段

（一）两臂平屈

与第三段（一）动同。（图2-18）

图2-18

（二）两臂平分

与第三段（二）动同。（图2-19）

图2-19

（三）屈臂平托

与第三段（三）动同。（图2–20）

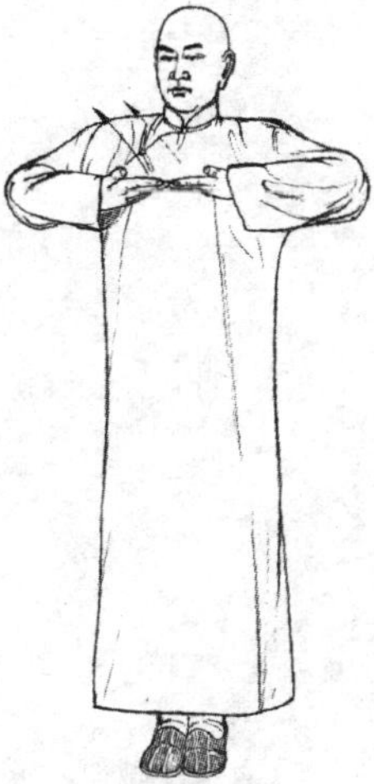

图2–20

（四）横掌前推

与第二段（二）动同。（图2-21）

图2-21

（五）屈臂平托

两臂屈回，复（三）之姿势。（图2-22）

图2-22

（六）两手下按

与第一段（二）动同。（图2-23）

图2-23

【要点】

1. 屈臂平托时，宜松肩勿耸。

2. 横掌前推时，两臂宜伸直勿屈，肩、肘、腕三者水平，想其力由肩而肘、而腕，以意导之，使连于指尖为度，两手手指相对，掌心向前吐力。

3. 两臂平分时，臂宜伸直与肩水平，眼平视，颈项挺直，下颌骨内收，气沉丹田（即小腹），精神专注，以心意作用运动肢体。故动作时，务宜徐缓，勿仅视为机械的运动也。

【功效】

此势可以矫正脖项前探、脊柱不正及上气（呼吸促迫）、精神不振等症，扩张胸部，坚定意志。

第二势　韦驮献杵第二势

【古诀】

足趾挂地，两手平开。

心平气静，目瞪口呆。（图2-24、图2-25）

足指挂地
兩手平開
心平氣靜
目瞪口呆

图2-24

图2-25

【解析】

取两臂自左右平举，两掌平托一物，献递于人之意。

做此势时，须先意气平和，心无妄念，呼吸调静。

乃运动两臂，徐徐自左右上托（掌心向上），以腕与肩平为度，足踵随之提起，两眼平视，闭口使呼吸之气，由鼻孔出入。

第一段

（一）两臂左右平托

由立正势，两臂自左右向上平举，俾与肩平或较肩略同，掌心向上；同时，两踵随之提起。（图2-26、图2-27）

图2-26

图2-27

（二）两臂还原

掌心下转，两臂徐徐下落，还原立正势。

第二段

（一）两臂前举平托

由立正势，两足尖靠拢，两臂垂直，由下向前平举，与肩水平，掌心向上，若托物然；同时，两踵随之提起。（图2-28）

图2-28

（二）两臂左右平分

两臂分向左右平开，至一直线，如本势第一段（二）动之姿势。（图2-29）

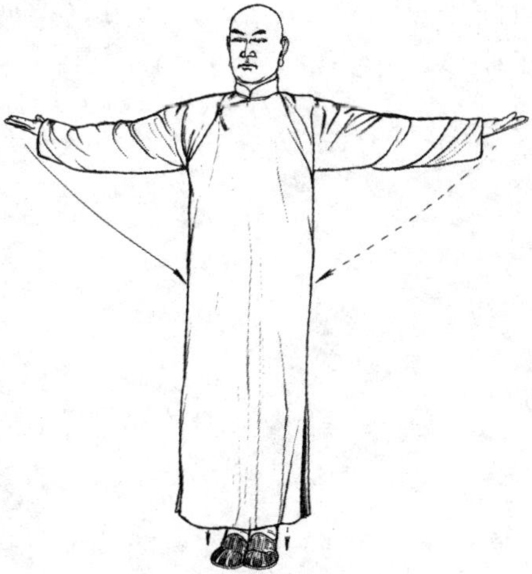

图2-29

（三）两臂下落

两臂下落，还原立正势。

第三段

此段乃兼下肢运动之连续动作也，于伸臂前托时两膝前屈，余均同前。

（一）屈膝两臂前举平托

两臂自下向前平举，掌心向上；同时，两膝前屈，膝盖靠拢，足踵不可离地。（图2-30、图2-31）

图2-30

图2-31

（二）直膝两臂平开

两臂分向左右平开；同时，两膝直立，足踵提起。（图2-32）

图2-32

（三）两臂下落

两臂徐徐下落，足踵亦随之落地。

第四段

（一）透步交叉

左足移至右足踵后方，做透步交叉势。（图2-33、图2-34）

图2-33

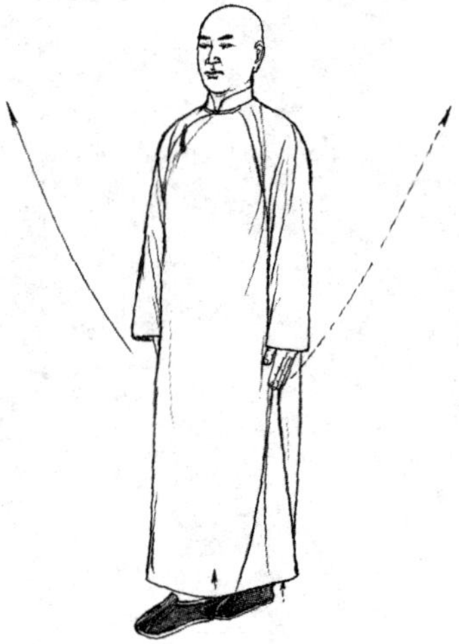

图2-34

（二）两臂平托

两臂自左右向上平托；两踵提起。（图2–35）

图2–35

（三）两臂还原

两臂、两踵还原。

（四）并步立正

左足并步，还原立正势。

（二）（二）（三）（四）与（一）（二）（三）（四）势同，唯右步做透步势。

第五段

（一）透步前举

左足移至右足踵后方做透步势；同时，两臂自下向上平托。（图2–36、图2–37）

图2–36

图2–37

（二）两臂平分

两臂分向左右平开。（图2–38）

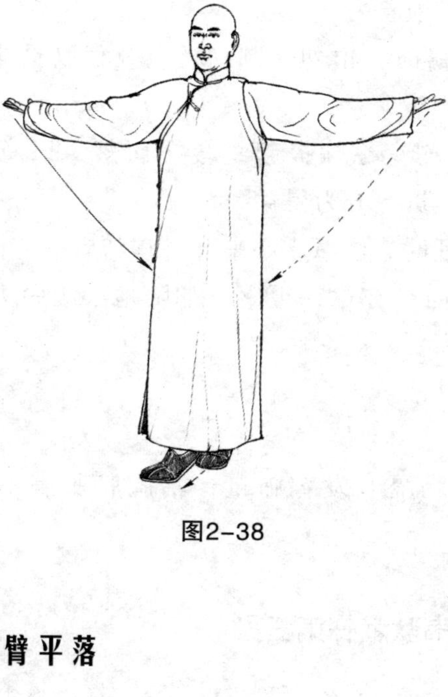

图2–38

（三）两臂平落

两臂下落，两踵还原。

（四）并步立正

左足并步，还原立正势。

（二）（二）（三）（四）与（一）（二）（三）（四）势同，唯右足做透步势。

【要点】

1. 做此势时，两臂平直，身勿斜侧，脊骨中正，以头顶领起全身，腿部尤须着力。

2. 足踵起落时，慎勿牵制动摇，及猛以足踵顿地，恐震伤脑筋。

3. 各动作均宜徐徐提起，缓缓而落，以意导力，达于十指，隐觉热气下贯，方为得益。

4. 分托平托时，注意掌心平开时宜与肩平，松肩。

5. 臂下落时，亦徐徐下落，如随地心吸引力自然下落，则气达指尖矣。

【功效】

此势舒展胸膈，发育肺量，治胸臆胀满不宁及呼吸促迫等症。

第三势　韦驮献杵第三势

【古诀】

掌托天门目上观，足尖着地立身端。
力周腿胁浑如植，咬紧牙关不放宽。
舌可生津将腭抵，鼻能调息觉心安。
两拳缓缓收回处，用力还将挟重看。（图2-39、图2-40）

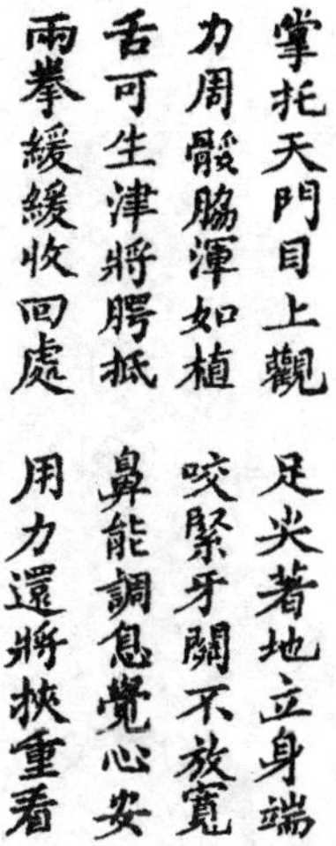
掌托天門目上觀
足尖著地立身端
力周骸脇渾如植
咬緊牙關不放寬
舌可生津將腭抵
鼻能調息覺心安
兩拳緩緩收回處
用力還將挾重看

图2-39

图2-40

【解析】

取两手举物过顶，敬献于人之意。又名“手托天势”。

此亦为直立势。直身而立，足尖着地；两臂由左右高举，两手反转上托，掌心向上，若托物然。

及托至顶上，两臂伸舒，两手指尖相对，目上视，闭口，舌抵上腭，气从鼻孔出入，呼吸调匀。

足踵提起，力由腿部而上，周于两胁，复运腋力顺两臂贯注掌心，达于指端，始缓缓落下，还立正势。

第一段

（一）两臂高举

由立正势，两臂由左右向上高举至头上，两手上托，掌心向上，十指相对；目上视，同时，两踵提起。（图2-41、图2-42）

图2-41

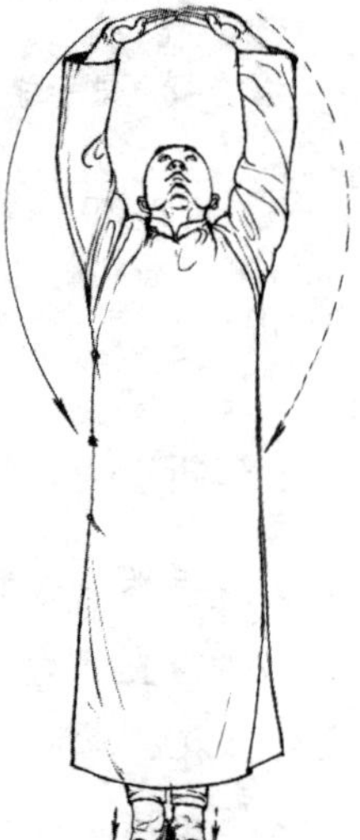

图2-42

（二）两臂下落

两臂下落，还原立正势，足踵亦随之下落。

第二段

（一）屈臂平托

屈臂平托，与第一势第一段（一）动同。（图2-43、图2-44）

图2-43

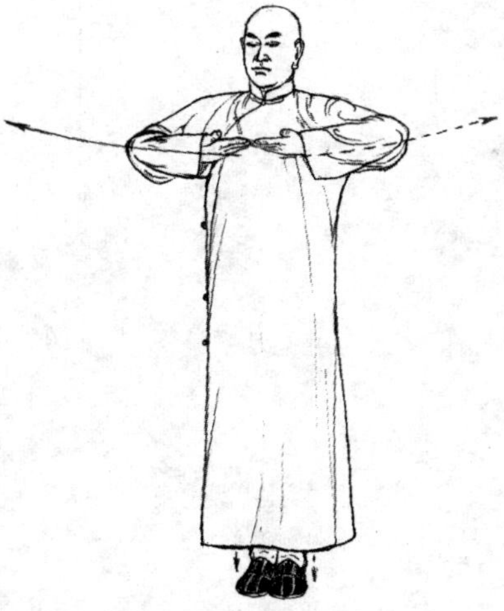

图2-44

（二）两臂平分

两臂平分，与第一势第三段（二）动同。（图2-45）

图2-45

（三）两臂高举

两臂高举，与本势第一段（一）动同。（图2-46）

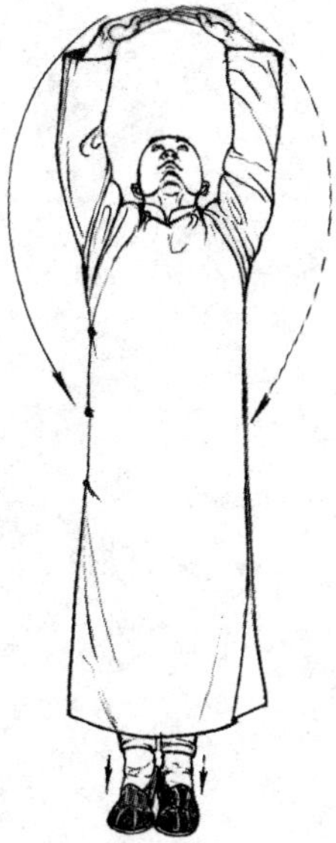

图2-46

（四）两臂下落

两臂落下，还原立正势。

第三段

（一）前举平托

两臂前举平托，与第二势第二段（一）动同。（图2-47、图2-48）

图2-47

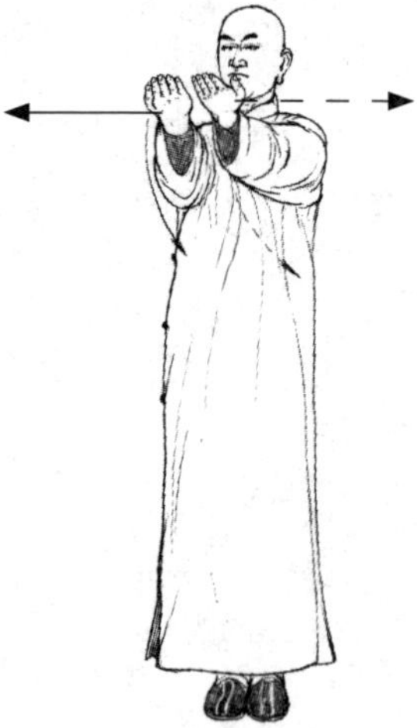

图2-28

（二）两臂平分

两臂平分，与第二势第二段（二）动同。（图2-49）

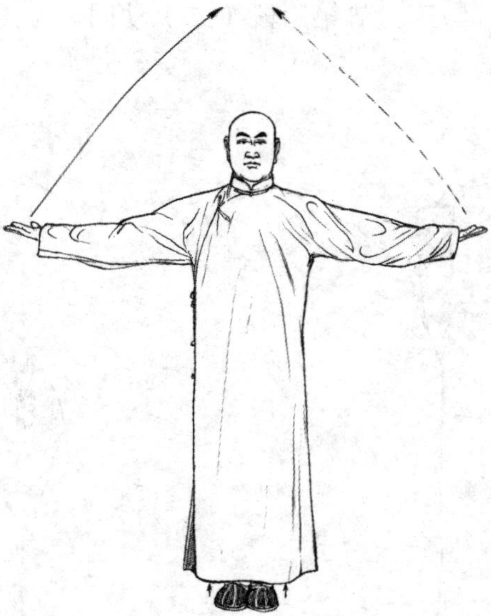

图2-49

（三）两臂高举

两臂高举，与本势第一段（一）动同。（图2-50）

（四）两臂下按

两臂下按，与第一势第一段（二）动同。（图2-51）

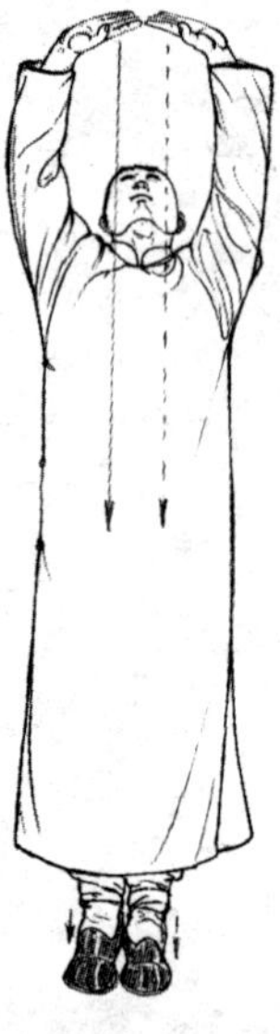

图2-50

图2-51

第四段

（一）交叉前托

由立正势，右足外撇，左足移至右足后方，左足尖与右足踵相对，两足踵与两足尖均在一直线上，两膝微屈，作交叉步；同时，两掌向前平托。（图2-52、图2-53）

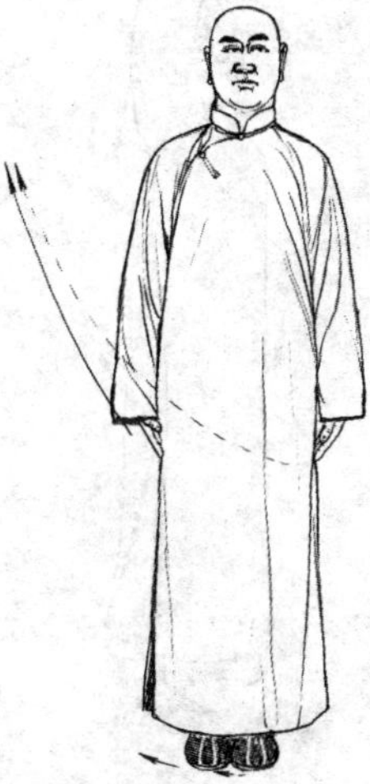

图2-52

图2-53

（二）两臂平分

两臂平分。（图2-54）

（三）两臂高举

两臂高举。（图2-55）

图2-54

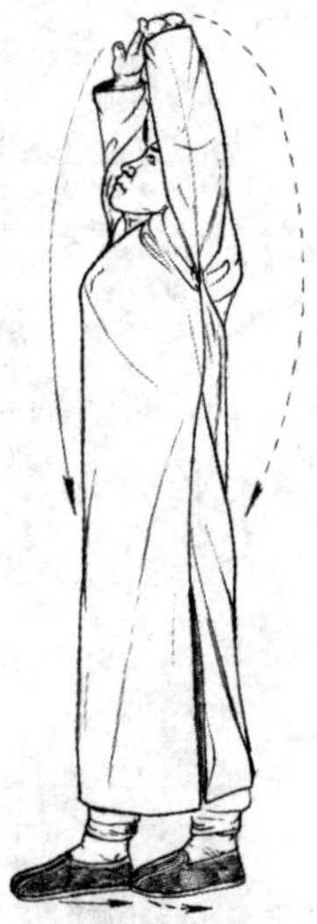

图2-55

（四）两臂下落

两臂下落，同时，还原立正势。

（二）（二）（三）（四）与（一）（二）（三）（四）势同，唯右足行之。

【要点】

1. 两臂高举时，两臂伸直勿屈，掌心向上，用力上托，目上视，两肩松，勿上耸。

2. 提踵时，力由尾闾骨循脊骨上升，达于顶上。下按时，气沉丹田。行之日久，则身体自强矣。

【功效】

调理三焦及消化系诸疾，如吞酸、吐酸、胃脘停滞、中气不舒、肠胃不化等疾。

第四势　摘星换斗势

【古诀】

双手擎天掌覆头，更从掌内注双眸。

鼻端吸气频调息，用力收回左右侔。（图2-56、图2-57）

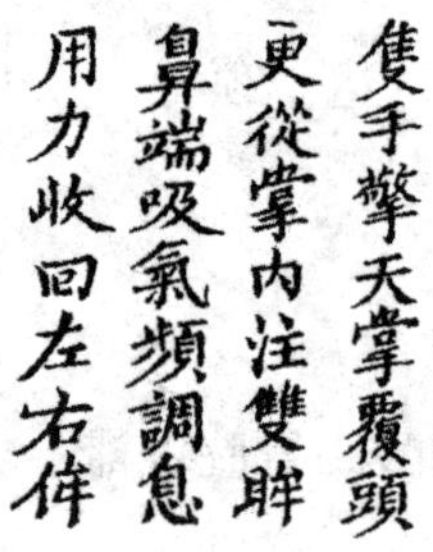
雙手擎天掌覆頭
更從掌内注雙眸
鼻端吸氣頻調息
用力收回左右侔

图2-56

图2-57

【解析】

一名“朝天直举”，又名“指天踏地”，即八段锦中“单举势”，一手朝上托，若摘星斗，两手互换为之，故名。

此亦为直立势，上肢之运动也。

以左掌由侧面向上高举，掌心向上托，覆于顶上，目上视，鼻端吸气。

臂下落时，气向外呼。

左右互换。

第一段

（一）左臂上托、右臂后屈

由立正势，左臂自左侧向上高举上托，掌心向上，指尖向右，头仰视手背，体随之半面向左转；同时，右臂后回，屈肱横置腰间，掌心向外，以手背附于左肾，支住上体后仰之力。（图2-58、图2-59）

图2-58

图2-59

（二）两臂还原

两臂放下，还原立正势。（图2-60）

（三）右臂上托、左臂后屈

右臂自右侧向上高举，左臂后回，上体半面向右转，与（一）动同。（图2-61）

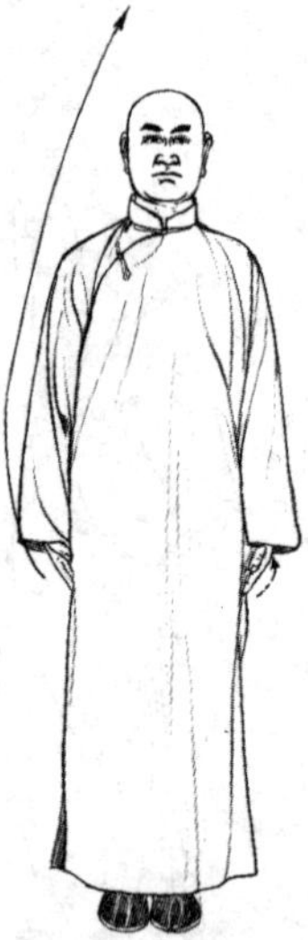

图2-60

图2-61

（四）两臂还原

两臂放下，还原立正势。

第二段

（一）左臂上托、右臂后屈

左臂自左侧高举上托；同时，右臂后屈。（图2-62、图2-63）

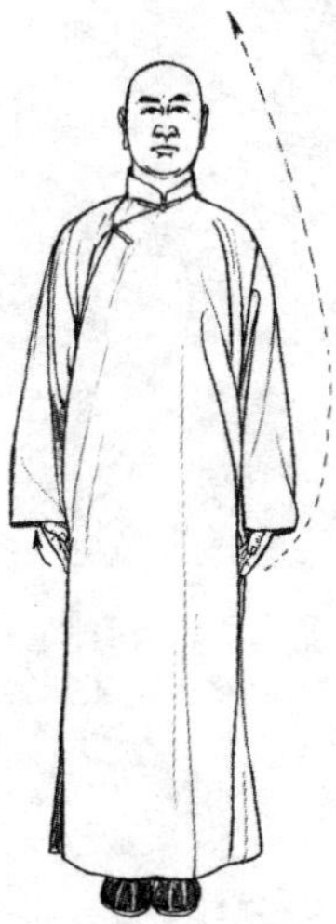

图2-62

图2-63

（二）右臂上托、左臂后屈

右臂自右侧高举上托；同时，左臂后屈。（图2–64）
左右互换，连续为之。
两臂放下，还原立正势。

图2–64

第三段

（一）左臂平托、右臂后屈

左臂自下向上屈臂平托，至胸骨前为止，掌心向上；同时，右臂后回，屈肱横置腰间。（图2-65、图2-66）

图2-65

图2-66

（二）左臂平分

右臂不动，左臂自胸前向左平分与肩平为止；目视左手。（图2–67）

（三）左臂上托

左势上托，与本势第一段（一）动同。（图2–68）

图2–67

图2–68

（四）两臂放下

两臂下落，还原立正势。

（二）（二）（三）（四）与（一）（二）（三）（四）同，唯右臂行之。

第四段

（一）左臂平托、右臂后屈

与本势第三段（一）动同。（图2-69）

图2-69

（二）左臂平分

与第三段（二）动同。（图2–70）

（三）左臂上托

与第三段（三）动同。（图2–71）

图2–70

图2–71

（四）左臂下按、上体前屈

左臂下落，掌心向下，经面前，沿右肩，经胯旁，循腿下按，以掌心按地为止；同时，上体向左前方深屈。（图2–72）

图2–72

（五）上体还原

上体直立，左掌经过足趾前收回，两臂垂直，还原立正势。

（二）（二）（三）（四）（五）与（一）（二）（三）（四）（五）同，唯右臂行之。

第五段

（一）透步左臂平托、右臂后屈

左足移至右足踵后方，作透步势；同时，左臂平托，右臂后屈。（图2–73、图2–74）

图2–73

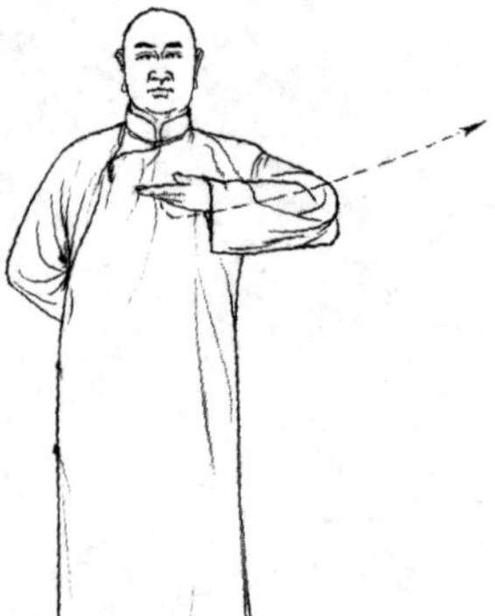

图2–74

（二）左臂平分

左足不动，左臂平分。（图2–75）

（三）上体左后转、左臂上托

上体左转后，两足靠拢；同时，左臂随上体后转，高举上托。（图2–76）

图2–75

图2–76

（四）两臂还原

两臂下落。（图2–77）

（五）透步右臂平托、左臂后屈

右足移至左足踵后方，作透步势；同时，右臂平托，左臂后屈。（图2–78）

图2–77

图2–78

（六）右臂平分

右足不动，右臂平分。（图2–79）

（七）上体左后转、左臂上托

上体右转后，两足靠拢；同时，右臂随上体后转，高举上托。（图2–80）

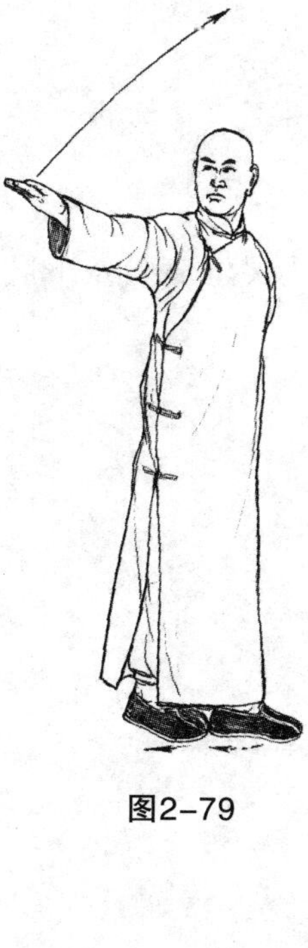

图2–79

图2–80

（八）两臂还原

两臂下落。

【要点】

1. 屈臂平托时，目宜视前方。臂平分时，目宜随之旋转。上托时则仰首注视掌背；臂下落则还原正视。

2. 上体左右旋转，两腿仍直立勿动，臂后屈手宜支拄腰肾，其手背贴附之力，须与上托之臂相应。

3. 步交叉时，上体宜直立勿倾。

【功效】

调理脾胃及腰肾诸疾。

练习拳术中领托诸功与转身透步各法，为灵活肩腰及下肢，使之有屈伸力。

第五势　出爪亮翅势

【古诀】

挺身兼怒目，推手向当前。
用力收回处，功须七次全。（图2-81、图2-82）

【解析】

两手左掌前推，如鸟之出爪，由后运臂向左右分展，如鸟之亮翅也，乃合“先天十八手”中之“排山运掌”及“黑虎伸腰”，二势为一势，而施运动者也。

形意中之“虎形”、八卦中之“双撞掌”、太极拳之“如封似闭”、岳势连拳之“掌舵势”，盖均取法于此。岳武穆平生以善“双推手”得名，言少林拳术者，每称之为鼻祖，故取以名。

此势云：《五禽经》之虎、鸟二形，亦与此相近。

挺者，直也。挺身者，身体挺直之谓也。当前者，向胸前正面也。

挺身而立，目前视，两手作掌，向前双推，然后用力握拳收回。

原文未含亮翅动作意，今本其意，参以十八手中二三两势，分段编做法如后。

图2-81

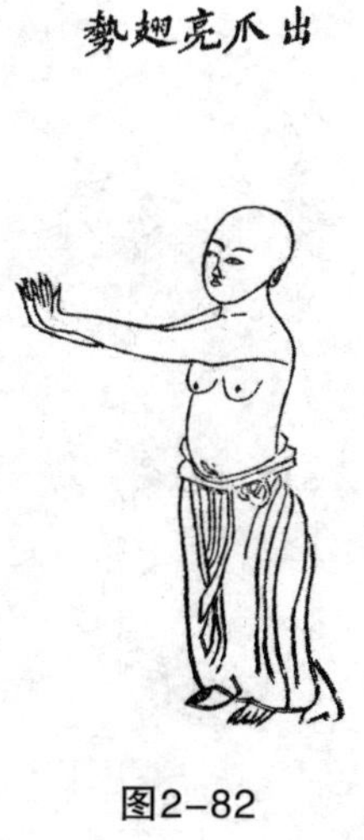

图2-82

第一段

（一）立正抱肘

由立正势，两臂屈，两手握拳，手心向上，分至两肋下，作抱肘势；目平视。（图2–83）

（二）两手前推

两拳变掌，徐徐向前平推与肩平，手心向前。（图2–84）

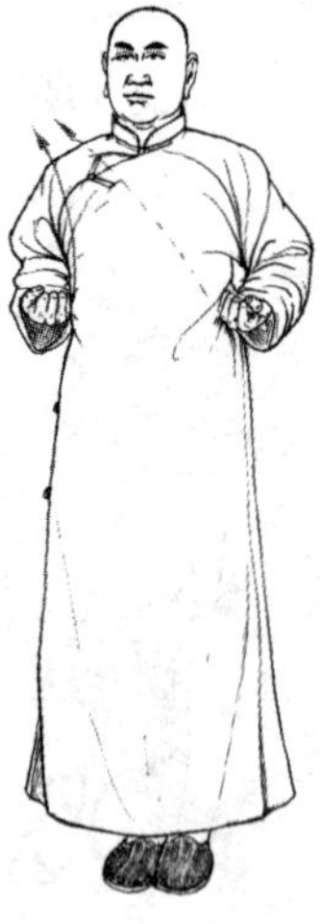

图2–83

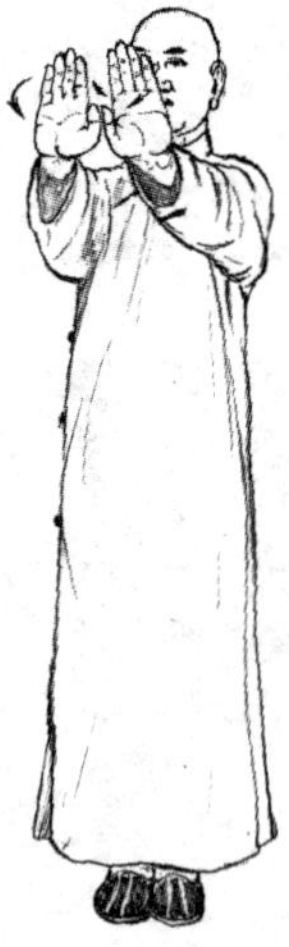

图2–84

（三）抱肘势

两掌上翻，手心向上，握拳屈回，仍还原抱肘势。（图2–85、图2–86）

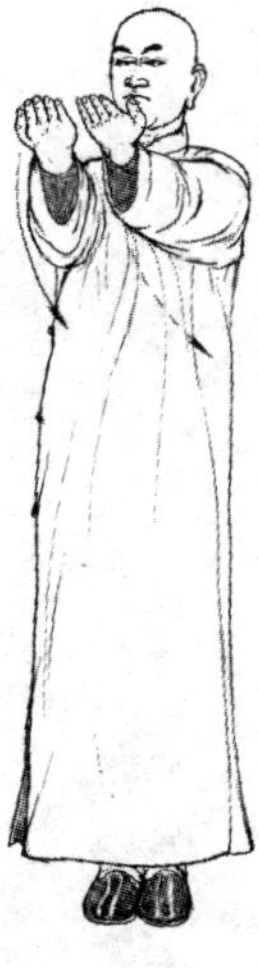

图2–85

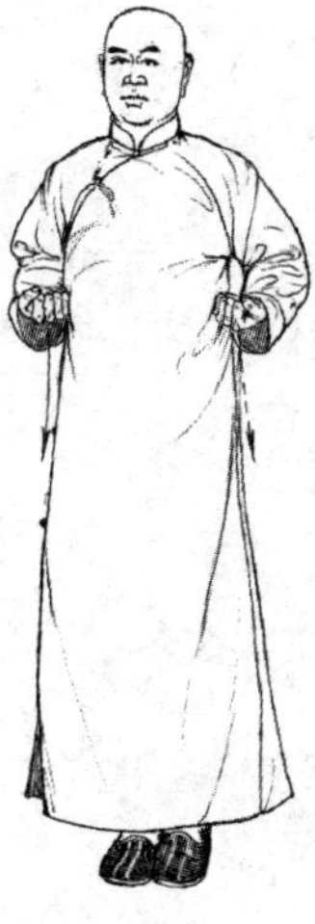

图2–86

（四）立正势

两手仍向前推，如此反复行之。停动，两臂放下，还原立正势。

第二段

（一）立正抱肘

与本势第一段（一）动同。（图2–87）

（二）开步前推

两掌向前平推；同时，左足前进一步，屈膝作左弓箭步。（图2–88）

图2–87

图2–88

（三）抱肘势

两掌上翻，手心向上；仍握拳，两臂屈回，还原抱肘势。（图2–89）

图2–89

（四）立正势

与（二）动同，唯右足前进。停动，右足收回，两臂放下，还原立正势。

第三段

（一）立正抱肘

与本势第一段（一）动同。（图2-90）

（二）步蹲身前推

两掌向前平推；同时，左足侧出一步，屈膝作骑马势，上体仍直立勿动。（图2-91）

图2-90

图2-91

（三）还原抱肘

两臂屈回，两膝伸直，右足靠拢，还原抱肘势。

（四）两臂放下

两臂放下。

（二）（二）（三）（四）与（一）（二）（三）（四）势同，唯右足侧出。

第四段

（一）开步抱肘

屈臂作抱肘势。（图2–92）

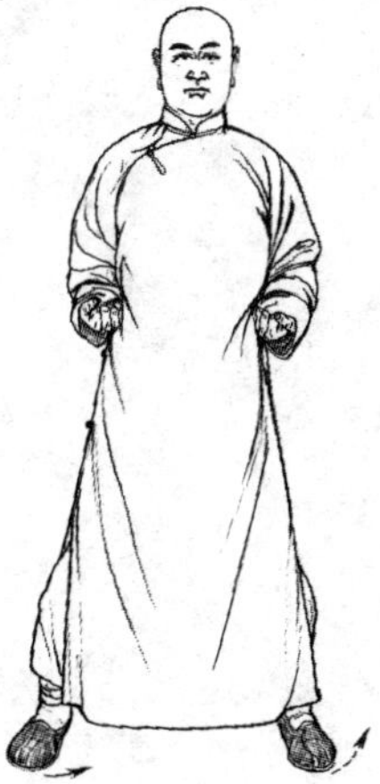

图2–92

（二）转身推掌

上体向左转，屈左膝作左弓箭步；同时，两掌向前平推。即左转身推掌势。（图2-93、图2-94）

图2-93

图2-94

（三）还原抱肘势

两臂屈回；上体向右转，还原开步抱肘势。（图2–95）

图2–95

（四）并步立正

右足收回靠拢，两臂放下，还原立正势。

（二）（二）（三）（四）与（一）（二）（三）（四）势同，唯右足侧出两掌前推耳。

第五段

（一）立正抱肘

与本势第一段（一）动同。（图2–96）

（二）开步前推

开步前推，与本势第二段（二）动同。（图2–97）

图2–96

图2–97

（三）探身分推

上体微向前探；同时，两掌分向左右平推与肩平，手指向上，掌心吐力。（图2-98）

图2-98

（四）还原立正势

两臂放下，左腿亦收回，还原立正势。

（二）（二）（三）（四）与（一）（二）（三）（四）同，唯右足前进耳。

【要点】

1. 前推时，手腕宜与肩平，手指挺直勿屈。

2. 分推时，臂宜伸直，掌心吐力，上体前探，不宜过屈。

3. 膝前屈时，后足足踵不可离地。

【功效】

此势分推时，可舒展胸膈，发育肺量，治胸臆胀满等症。

第六势　倒拽九牛尾势

【古诀】

两腿后伸前屈，小腹运气空松。

用力在于两膀，观拳须注双瞳。（图2-99、图2-100）

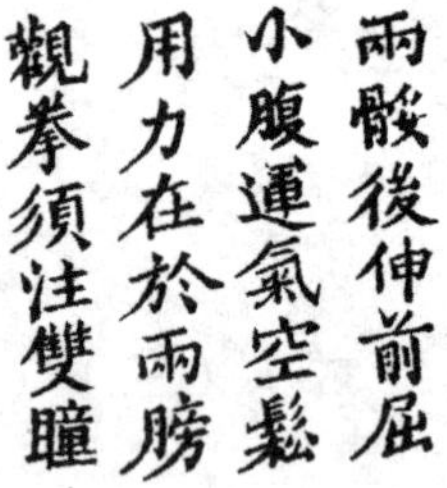
兩骰後伸前屈
小腹運氣空鬆
用力在於兩膀
觀拳須注雙瞳

图2-99

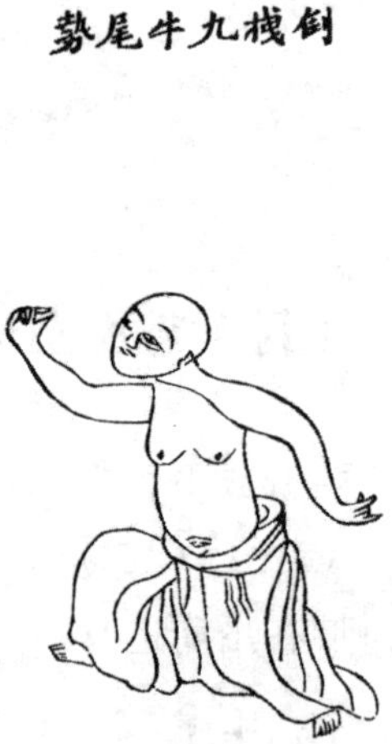

图2-100

【解析】

取周身用力后拽状，若执牛尾者然，一名“回身掌势”。

由立正势，两足分开，右（左）腿屈膝，左（右）腿伸直，作蹬弓势桩步，同时，右（左）臂亦向右（左）侧方伸出，仰手拢五指作猴拳。

肱略屈，左（右）臂背手，向左（右）后伸，仰手拢五指作猴拳，臂膀用力；气沉丹田。两眼注视前拳。

第一段

（一）开步、两臂侧举

由立正势，左足侧出一步，两膝屈作骑马势桩步；同时，两臂左右侧举，俾与肩平，两手作掌，掌心向下；目前视。（图2-101、图2-102）

图2-101

图2-102

（二）两臂前后屈伸

左足尖扭转外移，左膝弓，右足尖内扣，右腿伸直，作左弓箭步桩；同时，上体向左转；左臂屈肱，肘弯处应成钝角，左掌五指拢撮作钩形，屈腕向上，掌指均对鼻端，右臂微下垂，弯转身后，右掌亦作钩形，背手向上；目视左手。（图2–103）

图2–103

（三）还原侧举

两膝仍屈，还原骑马势，同时，两臂伸直，复（一）之姿势。（图2–104）

（四）两臂前后屈伸

上体右转，右膝前屈，左腿伸直；右臂屈肱，左臂在后伸直，两掌作钩形；目视右手。（图2–105）

两臂放下，两足并齐，还原立正势。

图2–104

图2–105

第二段

（一）左转膝、臂屈伸

由立正势，上体左转，左足侧出一步，屈膝前弓，右腿在后伸直；左臂侧举，屈肱向上，右臂后伸，两手作钩状，与本势第一段（二）动同。（图2-106、图2-107）

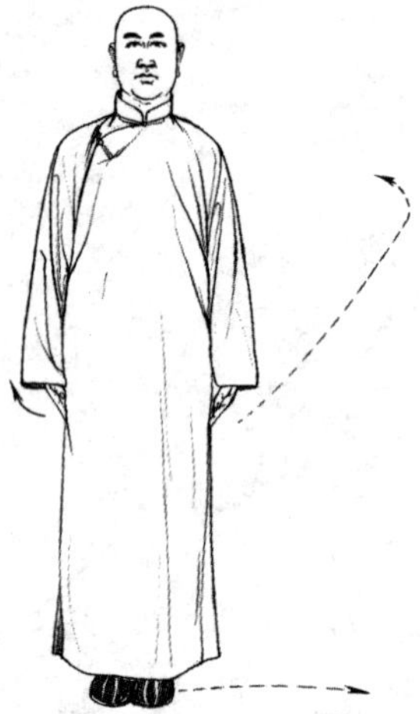
图2-106

图2-107

（二）右转膝、臂屈伸

右臂自右下方旋至上方，屈肱作钩；同时，身向右转，成右弓箭步，左臂下转作钩；目视右手。（图2–108）

还原，与第一段同。

图2–108

第三段

（一）左转膝、臂屈伸

与本势第二段（一）动同。（图2–109、图2–110）

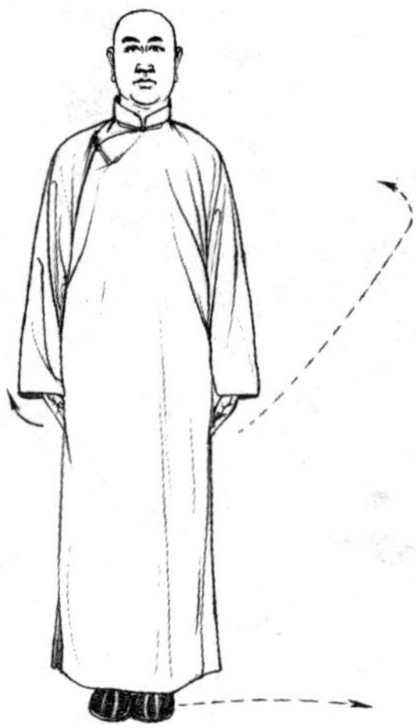

图2–109

图2–110

（二）护肩掌

左足收回平步，足尖点地，贴右足踵侧，右膝亦屈，作左丁虚步桩；同时，左臂屈回，左钩变掌，置于右肩前，作护肩掌势。（图2-111）

（三）开步推掌

左腿复前进半步，左膝还原左弓箭步桩；同时，左掌向前推出与肩平，坐腕立掌，五指向上，右手仍在后作钩形。（图2-112）

图2-111

图2-112

（四）右转膝、臂屈伸

与本势第二段（二）动同。（图2–113）

（五）护肩掌

右足收回，作右丁虚步；右臂屈回，右钩变掌，置于左肩前，作护肩掌势。（图2–114）

图2–113

图2–114

（六）推掌

右腿前进，仍还原右弓箭步；右掌向前平推，作开步推掌势。（图2-115）

图2-115

还原，与第一段同。

【要点】

1. 两臂侧举，宜与肩平，两肩勿耸起，上体宜直立。

2. 足侧出作骑马步时，两足尖均应向同一方向；作弓箭步时，踏出之腿，尽力屈膝，但不可过足尖，后腿尽力伸直，足踵不可离地。

【功效】

可以治疗腿、臂屈伸不灵活诸病。

第七势　九鬼拔马刀势

【古诀】

侧身弯肱，抱顶及颈。

自头收回，弗嫌力猛。

左右相轮，身直气静。（图2-116、图2-117）

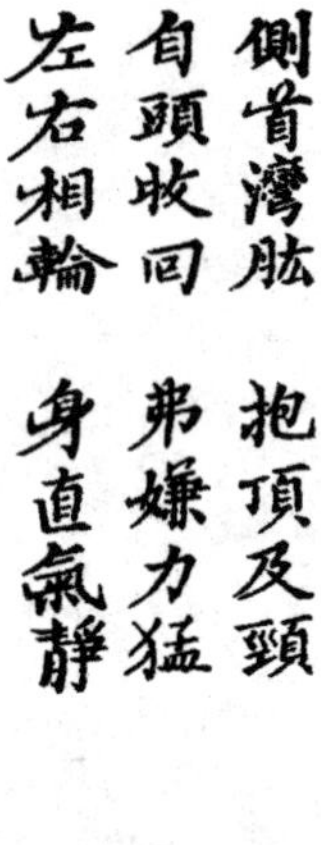

图2-116

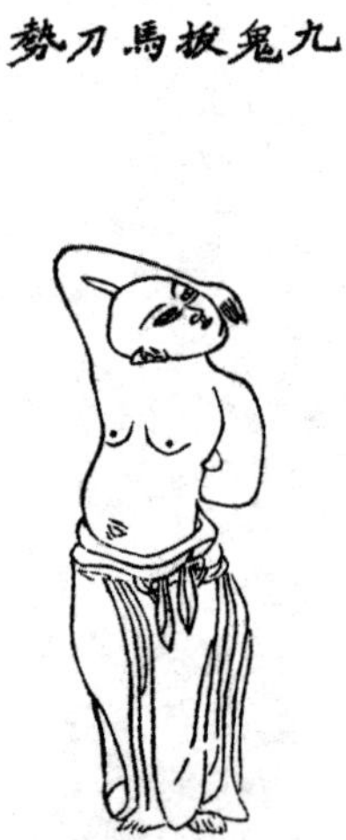

图2-117

【解析】

盖因马刀甚长，非自背后拔刀不能出鞘，此乃模仿其形势而为动作者。

又即导引术之鸱顾，头向左右顾视如鸱也。

此亦为直立姿势，侧身而立，头向左右顾视，左（右）臂自头侧方高举，向对方屈肱，以左（右）手搬抱下腭骨，同时，右（左）臂屈肱后回，横置腰间。下肢直立勿动，呼吸调匀，心定气静。

左右互换为之。

第一段

（一）两臂平举

由立正势，两臂自左右向上平举，与肩齐平，掌心向下。（图2-118）

图2-118

（二）屈左臂抱腭、右臂后回

头向右顾，颈向左屈；左臂向右方屈肘于头后，以左手手指搬抱下颌骨，同时，右臂屈肘后回，横置腰间，掌心向外；下肢均直立勿动。（图2-119）

（三）还原平举

两臂还原侧举，头亦直立。（图2-120）

图2-119

图2-120

（四）屈右臂抱腭、左臂后回

头向左顾，颈向右屈；右臂高举，向左方屈肘于头后，以右手手指搬抱下颌骨，同时，左臂屈肘后回，横置腰间，掌心向外。（图2–121）

如此左右互换为之。

两臂放下，还原立正势，头恢复直立。（图2–122）

图2–121

图2–122

第二段

（一）屈左臂抱腭

由立正势，头向右顾，颈向左屈；左臂高举，向右方屈肘，以左手搬抱下颌骨，同时，右臂屈肘后回，与本势第一段（二）动同。（图2-123）

图2-123

（二）屈右臂抱腭

头向左顾，颈向右屈；右臂高举，向左方屈肘，以右手搬抱下颌骨，同时，左臂下落，屈肘后回，与本势第一段（四）动同。（图2–124）

如此左右互换为之。还原，同第一段。（图2–125）

图2–124

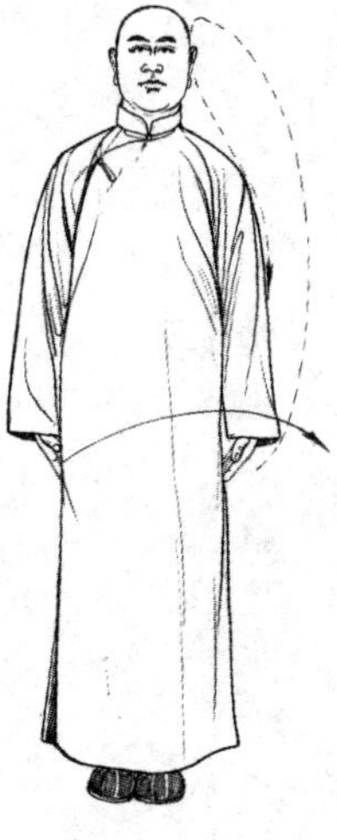

图2–125

第三段

（一）右臂侧举、上体左屈

由立正势，上体向左屈；左臂自侧方向上高举于头上，微向左屈。右手小指、无名指与拇指拢合一处，其余二指伸直，随身向左下方指，同时，左臂屈肘后回，横置腰间；眼下视左足踵。（图2–126）

图2–126

（二）左臂侧举、上体右屈

上体向右屈；左臂自下高举于头侧，微向右屈。左手小指、无名指与拇指拢合一处，其余二指随身向右下侧指，同时，右臂屈肘后回，横置腰间；眼下视右足踵。（图2-127）

图2-127

如此左右互换为之。

还原，同上。

【要点】

1. 头侧屈时，勿前俯后仰，腭勿前突，肩勿上耸。
2. 侧身时，以脊椎为枢纽，左右转动为之，上身挺直。
3. 腰侧屈时，下肢直立勿动。

【功效】

矫正脖颈前探及脊柱不正等癖，并疗治头目不清（脑充血）、脖项酸麻、脊背疼痛诸病。

第八势　三盘落地势

【古诀】

上腭坚撑舌，张眸意注牙。

足开蹲似踞，手按猛如拿。

两掌翻齐起，千斤重有加。

瞪睛兼闭口，起立足无斜。（图2–128、图2–129）

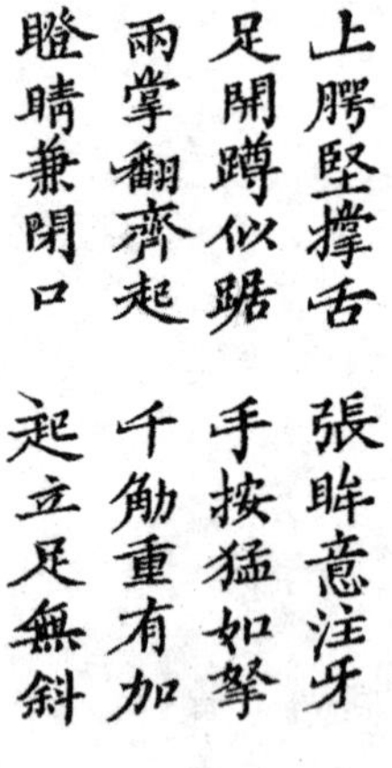
上腭堅撐舌　張眸意注牙
足開蹲似踞　手按猛如拏
兩掌翻齊起　千觔重有加
瞪睛兼閉口　起立足無斜

图2–128

图2–129

【解析】

取肩、肘、膝三部均圆满如环之意。

两腿下蹲，足尖落地，作骑乘势之八字桩，两臂垂张，如鸟之两翼，手掌分按两膝上（掌心约离膝三四寸）。

复挺身起立，屈臂用力，翻转两掌上托（掌心向上），掌锋贴至两肋下（屈肘尖向后）。足尖勿动，闭口舌抵上腭。目向前平视。

第一段

（一）开步屈肘

由立正势，两足开步，两足尖外撇，成八字形；同时，两臂屈于两肋旁，两手作掌，掌心向上。（图2-130、图2-131）

图2-130

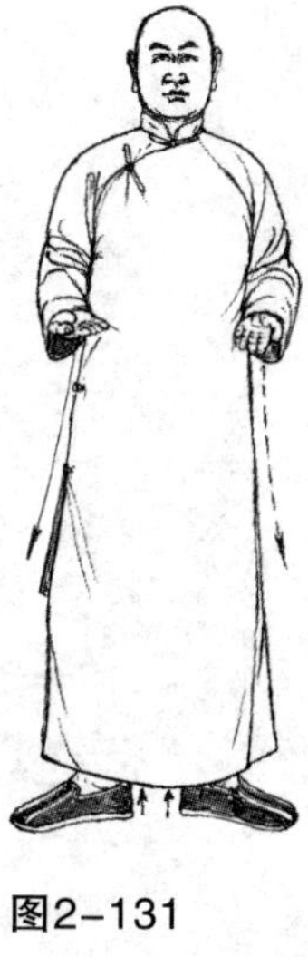

图2-131

（二）屈膝下按

两踵提起，两膝半屈；同时，两臂向下伸直，手腕下转，掌心向下，十指伸直，做屈膝下按势；眼平视前方。（图2-132）

（三）开步屈肘

两膝伸直，两踵落地（习熟后不落）；两臂屈回，还原开步屈肘势。（图2-133）

图2-132

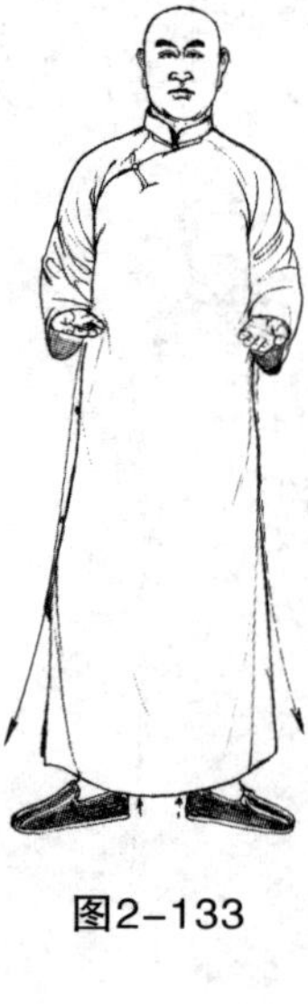

图2-133

（四）举踵屈膝下按

再举踵屈膝下按，如此反复行之。（图2-134）

（五）开步屈肘

两膝伸直，两踵落地；两臂屈回，还原开步屈肘。（图2-135）

图2-134

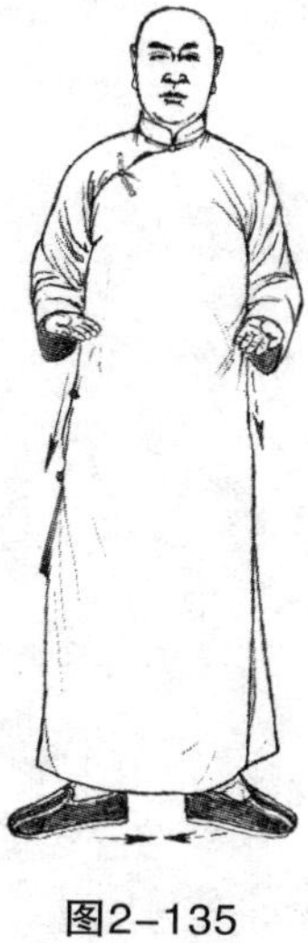

图2-135

（六）立正

两足靠拢，两臂放下，还原立正势。（图2-136）

图2-136

第二段

（一）开步屈肘

开步屈肘，与本势第一段（一）动同。（图2-137）

图2-137

（二）两膝深屈、两臂下伸

两踵举起，两膝深屈；同时，舒展两臂，由两肋旁经小腹、腿裆前，坐身，两臂向下伸直，手腕下转，掌心向内，上体仍直立勿动；眼平视。（图2-138）

（三）两臂上举、体向后屈

两臂向上高举，俟举上时，上体微向后屈；同时，两手折腕向后。此时两膝仍屈，两臂仍举勿落。（图2-139）

图2-138

图2-139

（四）两臂放下、还原立正

两臂由左右下落；上体还原直立，两腿伸直，两踵落地。两足靠拢，还原立正势。

如此反复练之。

【要点】

1. 第一段做法，身之起落，以两掌翻落为牵动，以双膝屈伸为枢纽。向上时，头顶虚悬，领其全身。下蹲时，尾闾下降，使气沉丹田，足踵则始终提起（趾尖着地），慎勿游移牵动。双手随身起而上翻，降而下按，掌心务极用力（全身重力寄于掌心），贯注与呼吸相应（即起时吸气，降时呼气）。上提时，全脊椎骨直竖；下降时胸骨内含，首、项勿向前突出。

2. 第二段做法，身体后仰时，两腿宜仍蹲踞，庶免重点移出身外，致仰倒也。

【功效】

治两足无力、胸膈不舒、气不下降诸疾。

久练此势，可使人身轻健，下肢筋肉发达，以强健胫骨，且增膝、掌、腰、脊各部之力。

第九势　青龙探爪势

【古诀】

青龙探爪，左从右出。
修士效之，掌平气实。
力周肩背，围收过膝。
两目注平，息调心谧。（图2–140、图2–141）

青龍探爪　左從右出
修士效之　掌平氣實
力周肩背　圍收過膝
兩目注平　息調心謐

图2–140

图2–141

【解析】

此亦为直立势，系以右臂前伸，右手作掌，由右腋下圈转向左伸出，掌心平向前推，连肩背力送之。

右臂下落收回，须经过双膝之前，再以左臂向右伸出，掌心平向前推，肩背力送之。

然后左臂下落，须经过双膝之前，两目平视，呼吸调匀，心自安宁。

第一段

（一）立正抱肘

由立正势，两臂上屈，作抱肘势，与第五势第一段（一）动同。（图2-142）

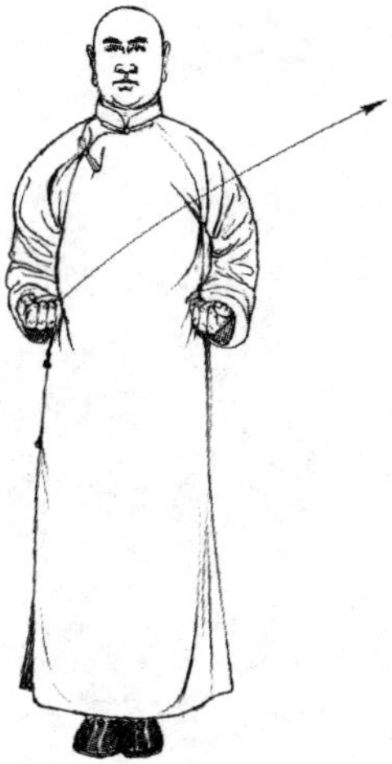

图2-142

（二）右掌左推

上体与头略向左转；右臂向左伸，右拳变掌，向左推出，手指向上，掌心向外，高与眉齐，左臂仍屈肘勿动；目视右掌，下肢勿动。（图2–143）

（三）还原抱肘

左臂屈回，还原抱肘，上体与头亦复原状。（图2–144）

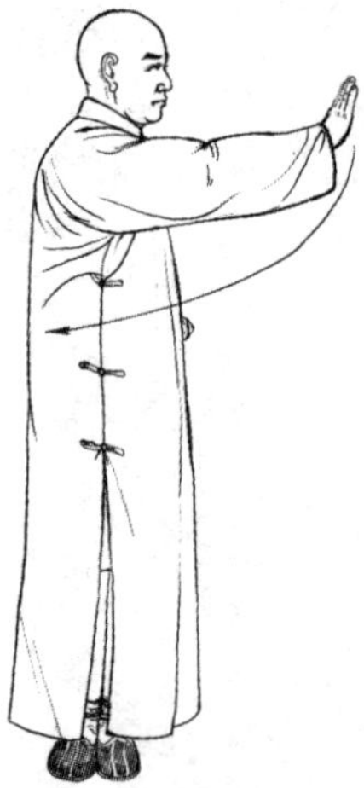

图2–143

图2–144

（四）左掌右推

上体与头略向右转；左拳变掌，向右推出，手指向上，掌心向外，高与眉齐，右臂仍屈肘勿动；目视左掌，下肢勿动。（图2-145）

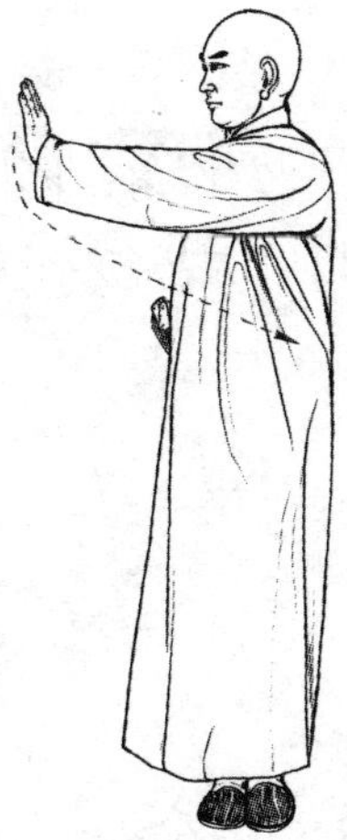

图2-145

如此反复行之。

自本段数至（四）时，左臂屈回，还原抱肘。两臂放下，还原立正势。

第二段

此势所行之步，为三角形。设底边一角为甲，一角为乙，顶角为丙。

（一）开步穿手

由立正势，左足侧出一步（两足距离与肩平），所站之地，设为甲角，则右足所站之地为乙角；同时，左臂自下向上平举，左手化掌，掌心向右，同时，右臂亦举起，屈肘举至左臂旁，右手掌心向内，与左肘接近，手指向上。（图2-146、图2-147）

图2-146

图2-147

（二）进步放掌

右腿向前移动一步，所站之地为顶角丙，两膝屈作丁虚步桩；同时，右臂顺左臂向前穿出伸直，手腕外转向前推，掌心吐力，但左臂不动，仅可顺右肘之势下沉，万不可抽回。两臂垂肩坠肘，立掌坐腕开虎口，两手食指约对鼻准，两掌心相印，若抱物然。（图2-148）

图2-148

（三）开步穿掌

右足后退一步，仍退至原所站之地（乙角），两腿伸直；同时，右臂不动，左臂屈肘，移于右臂旁，左手掌心向内，与右肘接近，手指向上。（图2-149）

图2-149

（四）进步放掌

左脚前进一步，所站之地为顶角丙，两膝屈作丁虚步桩；同时，左臂顺右臂向前穿出伸直，手腕外转向前推，掌心吐力，但右臂不动，仅可顺左肘之势下沉，万不可抽回。两臂坠肩垂肘，立掌坐腕开虎口，两手食指约对鼻准，两掌心相印，若抱物然。（图2–150）

图2–150

练至此势（四）时，两臂放下，左足靠拢，还原立正势。

【要点】

1. 头与上体左右转时，及左右手推出，仍宜挺直勿动，两臂推出，宜与肩平，掌心吐力。

2. 做第二段换掌，宜松肩垂肘。

【功效】

可以矫正上、下肢不灵活诸弊。

第十势 饿虎扑食势

【古诀】

两足分蹲身似倾，屈伸左右腿相更。

昂头胸作探前势，偃背腰还似砥平。

鼻息调元均出入，指尖着地赖支撑。

降龙伏虎神仙掌，学淂真形也卫生。（图2-151、图2-152）

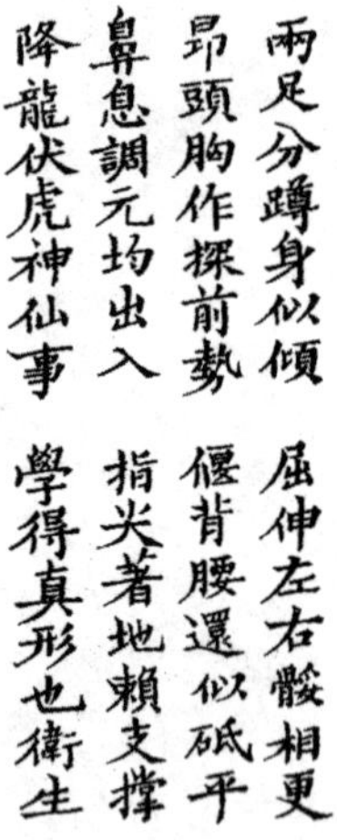
兩足分蹲身似傾
昂頭胸作探前勢
鼻息調元均出入
降龍伏虎神仙事
屈伸左右骸相更
偃背腰還似砥平
指尖著地賴支撐
學得真形也衛生

图2-151

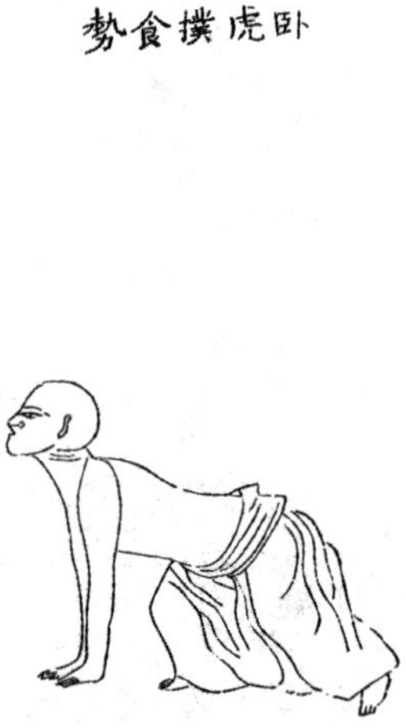

图2-152

【解析】

本势系由立正势，右足前进一上步，屈膝作右弓箭步桩，同时，上体向前屈，以两手五指着地，两臂伸直，头向上抬起，眼平视。

然后，右足向后撤，与左足相并，两膝伸直，足尖着地，闭口，舌抵上腭，呼吸由鼻孔出入。

第一段

（一）立正抱肘

立正抱肘，与第五势第一段（一）动同。（图2–153）

图2–153

（二）进步前推

进步前推，与第五势第二段（二）动同。（图2–154）

（三）两手伏地

上体向前屈；两臂亦随之下伸；头抬起，眼平视。（图2–155）

图2–154

图2–155

（四）立身提手

右腿屈膝，左腿绷直，变成丁字步桩；同时，上体徐徐直立，双手垂于小腹前，手腕外转，手心向前，握拳如提物然。（图2-156）

（五）还原立正

右腿伸直，左腿收回靠拢；两手亦垂直于腿旁，还原立正势。（图2-157）

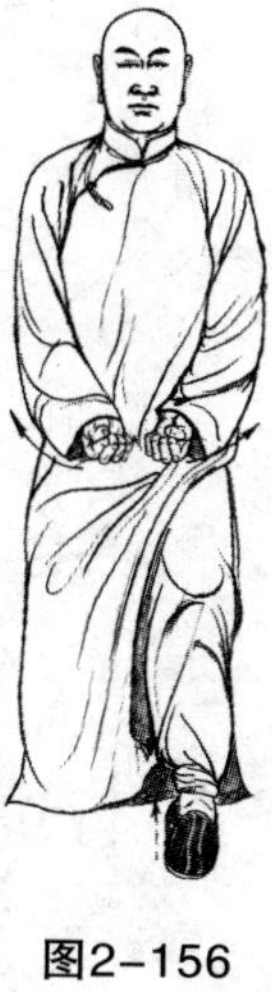

图2-156

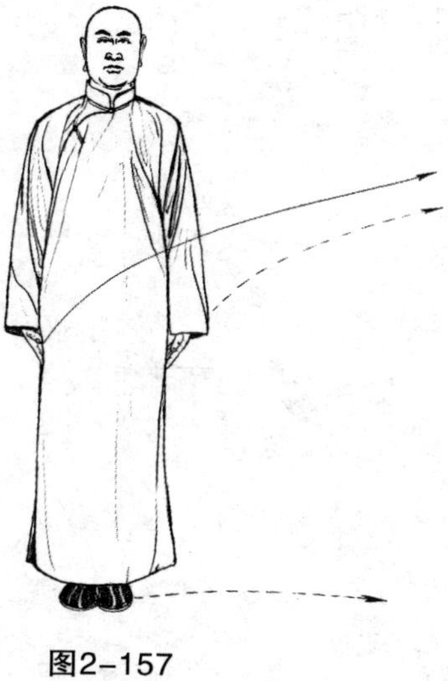

图2-157

第二段

（一）进步前举

由立正势，左腿前进一步，屈膝做左弓箭步；同时，两臂向前平举与肩平，两掌掌心相对，指尖向前；眼平视。（图2–158）

（二）两手伏地

上体向前屈；两臂亦随之下落，以两手手指着地；头略抬起。（图2–159）

图2–158

图2–159

（三）右腿高举

右腿向上高举（量力而行），足面绷直，余势仍旧。（图2-160）

（四）还原前举

右腿落地，上体徐徐直立；两臂亦随之举起，还原进步前举势。（图2-161）

图2-160

图2-161

（五）还原立正

两臂放下，左腿收回，还原立正。（图2–162）

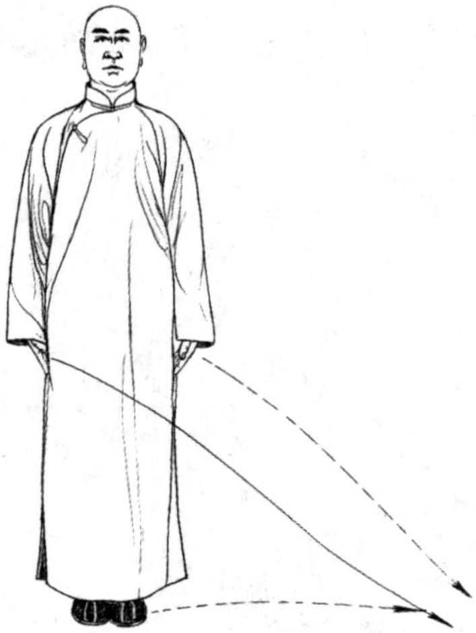

图2–162

第三段

（一）进步伏地

由立正势，左脚前进一步，屈膝作左弓箭步；同时，两臂下伸，两手掌心伏地，与本势第二段（二）动同。（图2-163）

（二）左腿后撤

左足后撤，与右足并齐，两腿伸直；两臂用力挺直。（图2-164）

图2-163

图2-164

（三）身向前伸

上体徐徐向后撤，两臂屈。上体再向前伸，两臂亦随之伸直。（图2–165）

图2–165

（四）身向后撤

两臂屈。上体徐徐向后撤，臂又随之伸直。（图2–166）

图2–166

（五）左腿屈回

左腿屈回，仍作左弓箭步，与本段（一）动同。（图2-167）

（六）还原立正

上体直立，右腿收回，与左腿并齐，还原立正势。（图2-168）

图2-167

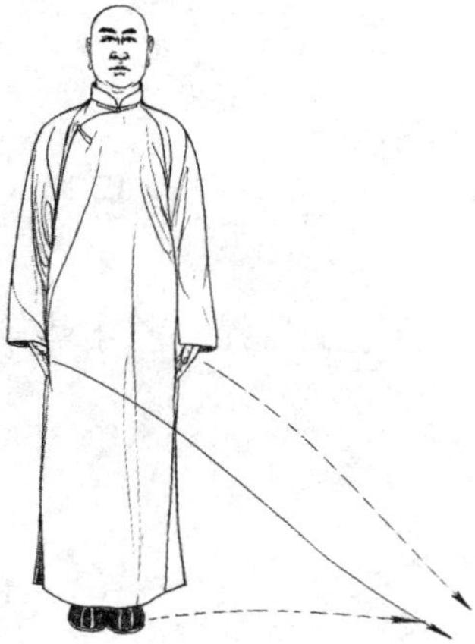

图2-168

第四段

（一）进步伏地

进步伏地，与本势第三段（一）动同。（图2–169）

图2–169

（二）左腿后撤

左腿后撤，与本势第三段（二）动同。（图2–170）

图2–170

（三）两臂下屈

两臂再徐徐下屈。（图2-171）

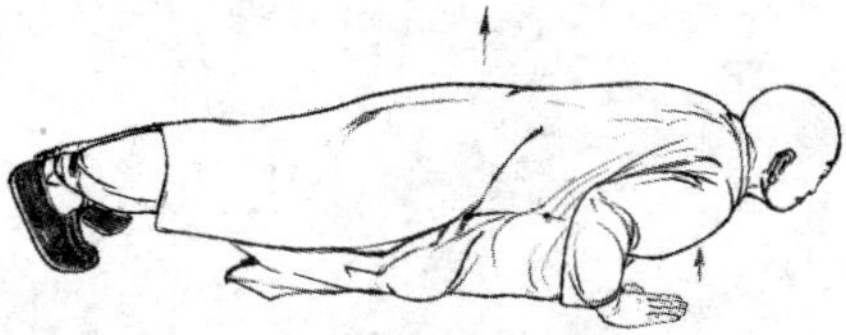

图2-171

（四）两臂挺直

两臂再徐徐伸直。（图2-172）

图2-172

（五）左腿屈回

左腿屈回（见上段）。（图2–173）

图2–173

（六）还原立正

还原立正（见上段）。

【要点】

1. 两臂前举或前推时，宜伸直与肩平。

2. 做弓箭步时，踏出之腿尽力前屈膝，但不可过足尖，后腿尽力伸直，足踵不可离地。

3. 腿向上高举，宜量力而行，足面宜绷直。

【功效】

可以疗治腿、臂屈伸不灵活诸病。

可以增长腿、臂之力量。

第十一势 打躬势

【古诀】

两手齐持脑，垂腰至膝间。

头唯探胯下，口更啮牙关。

掩耳聪教塞，调元气自闲。

舌尖还抵腭，力在肘双弯。（图2-174、图2-175）

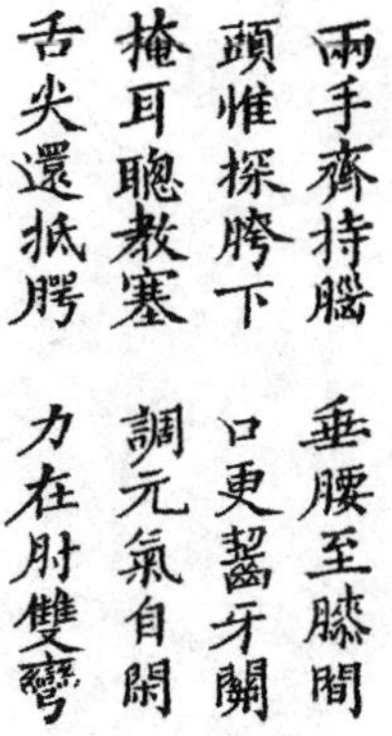
兩手齊持腦 垂腰至膝間
頭惟探胯下 口更齧牙關
掩耳聰教塞 調元氣自閑
舌尖還抵腭 力在肘雙彎

图2-174

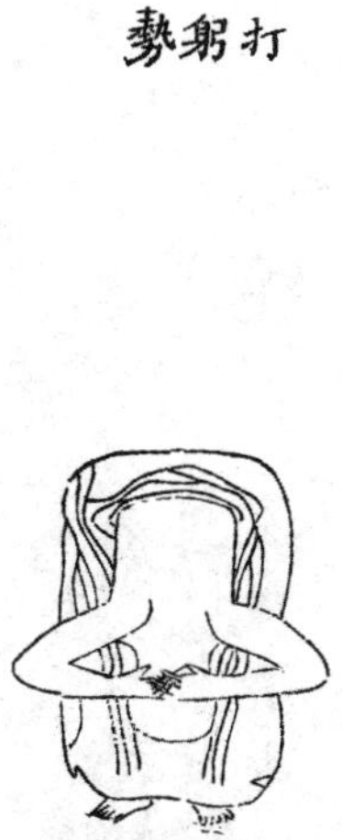

图2-175

【解析】

本势由直立势，两臂回屈手抱颈后，两掌掩耳（为便利起见，可用三指交叉，颈后抱头），肘用力后张，上体徐徐前下屈至膝前。

然后徐徐起立；闭口舌抵上腭，气沉丹田，使呼吸有节，气自鼻孔出入。

【练法】

（一）两手附颈

由立正势，两臂上屈于肩上，两手十指相组，附于颈后；眼平视。（图2–176、图2–177）

图2–176

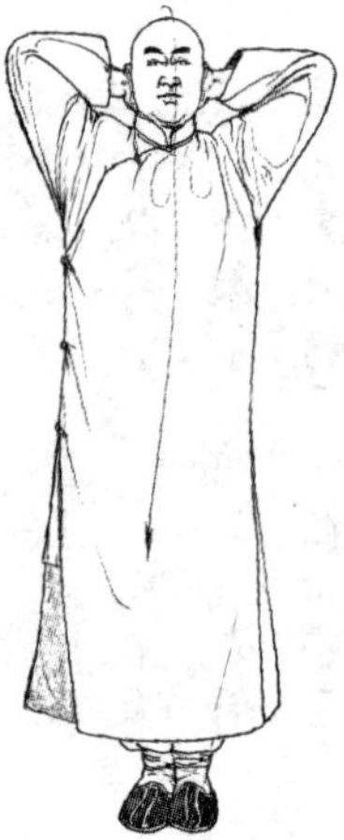

图2–177

（二）上体前屈

上体徐徐前深屈，至胸部接近腿部为止，头略抬，两腿仍挺直勿屈。（图2–178）

（三）上体还原

上体徐徐直立，还原（一）之动作。（图2-179）

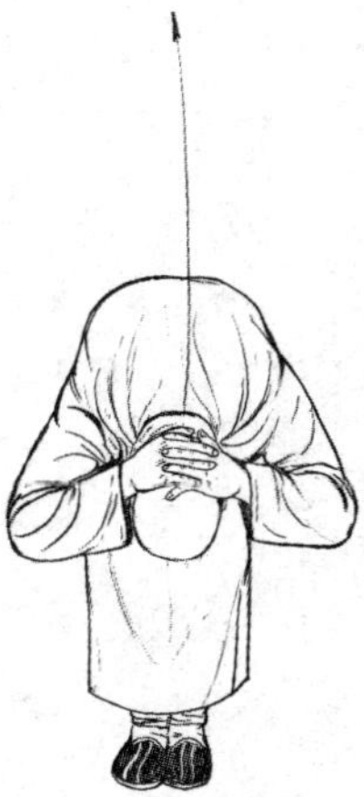

图2-178

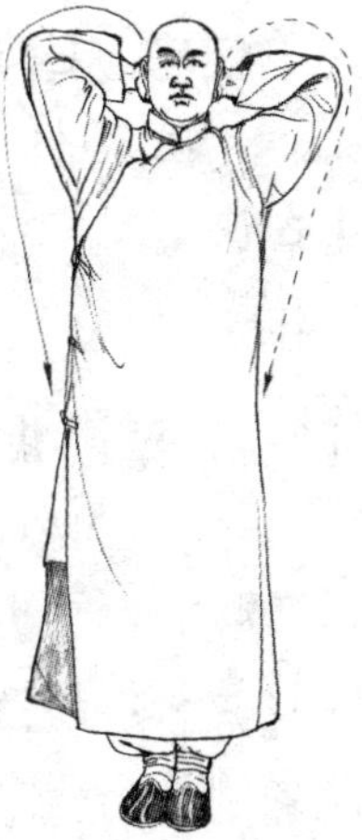

图2-179

（四）两手放下

两手放下，还原立正势。

【要点】

练习此势时，所最宜注意者，即上体前屈时，头宜略为抬起，否则，难免会有脑充血之病。膝盖亦挺直勿屈；手附头时，两肘宜极力向后张，为扩张胸部起见，否则胸部受压迫，于生理大受阻碍。

【功效】

可治腰、肾诸疾。

能使腰部灵活，臂部、腿部筋肉伸长。

第十二势　掉尾势

【古诀】

（一）掉尾诀

膝直膀伸，推手自地。

瞪目昂头，凝神壹志。

起而顿足，二十一次。

左右伸肱，以七为志。（图2-180、图2-181）

膝直膀伸　推手自地　瞪目昂頭
凝神壹志　起而頓足　二十一次
左右伸肱　以七為誌　更作坐功
盤膝垂眥　口注於心　息調於鼻
定靜乃起　厥功維備　總考其法
圖成十二　誰實貽諸　五代之季
達摩西來　傳少林寺　有宋岳侯
更爲鑒識　却病延年　功無與類

图2-180

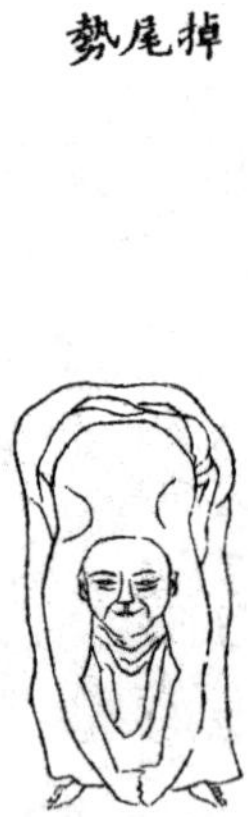

图2-181

（二）坐功诀

更作坐功，盘膝垂眦。
口注于心，息调于鼻。
定静乃起，厥功维备。

（三）源流诀

总考其法，图成十二。
谁实贻诸，五代之季。
达摩西来，传少林寺。
有宋岳侯，更为鉴识。
却病延年，功无与类。

【解析】

又名“搬僧势”。

（一）

本势由直立势，两臂左右高举，手指相组，掌心上翻，上体徐徐向前、左、右深屈，伸臂下推，以两手掌着地为止，头略抬起，然后徐徐起立。如此反复行之，呼吸调匀，心定气静。此势为十二势之终。

各势连续练习毕，为时已久，腿部已劳倦，故安顿以休息之。

伸肱者，伸臂也，左右伸舒，以平均其力也。

（二）

静坐方法，与怡养精神颇有关系，运动后能静片时，以定心志，兼事呼吸，以调和周身血脉，久之则智慧生、身体健，有不期然而然者矣。

第一段

（一）两臂高举

由立正势，两臂由左右向上高举，两手十指相组，两掌心翻向上。（图2-182、图2-183）

图2-182

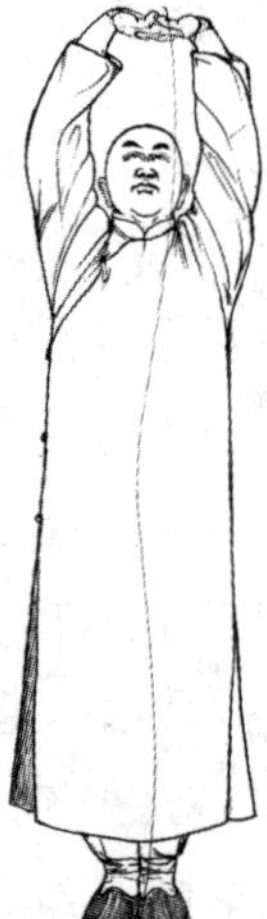

图2-183

（二）上体前屈

两膝勿屈，上体徐徐向下深屈；两臂亦随之下落，以两掌心着地为止，头略抬起。（图2–184）

（三）上体直立

上体徐徐直起，两臂亦随之举起，还原（一）之姿势。（图2–185）

图2–184

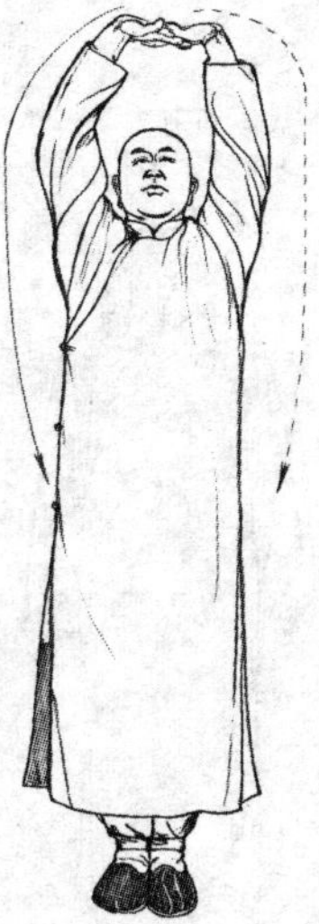

图2–185

（四）两臂放下

两臂放下，还原立正势。

第二段

（一）左转两臂上举

两臂高举，十指相组，掌心上翻，上体向左转。（图2-186、图2-187）

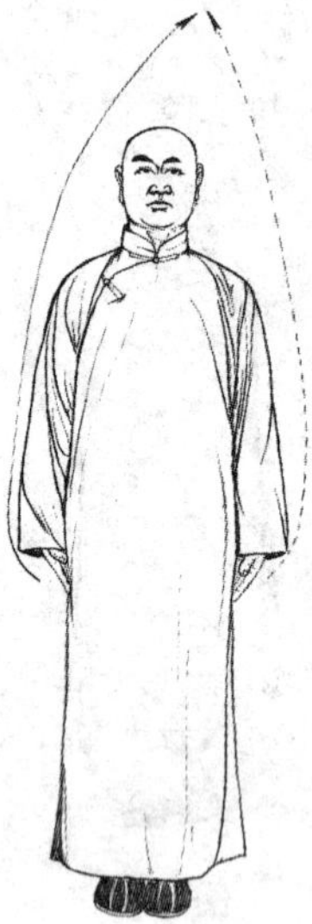

图2-186

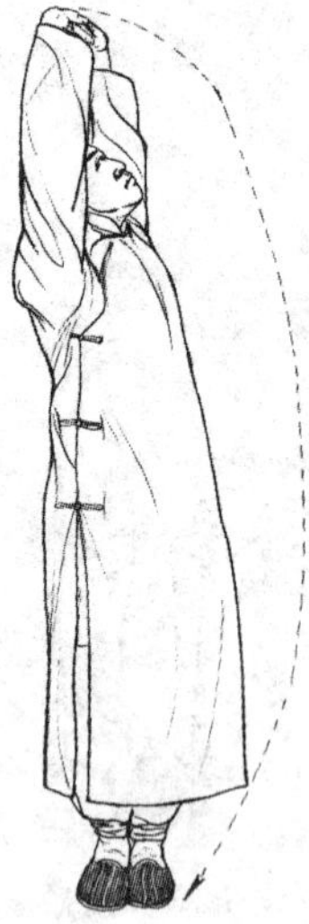

图2-187

（二）上体左屈

两膝勿屈，徐徐向左下深屈；两臂亦随之下落，至掌心着地为止，头略抬起。（图2-188）

（三）右转两臂上举

上体徐徐直立、右转，两臂随之举起，与图2-187姿势相同，方向相反。（图2-189）

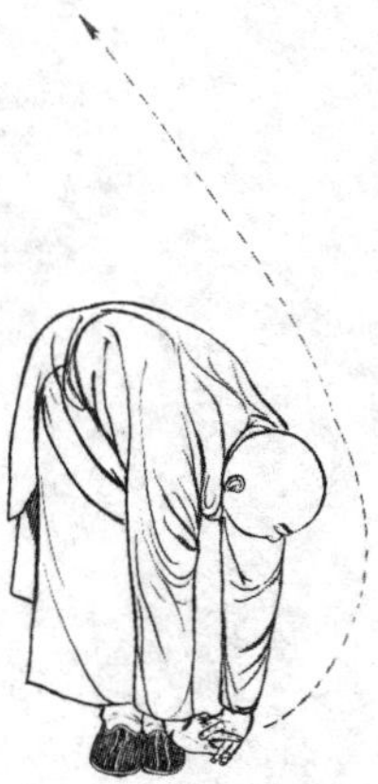

图2-188

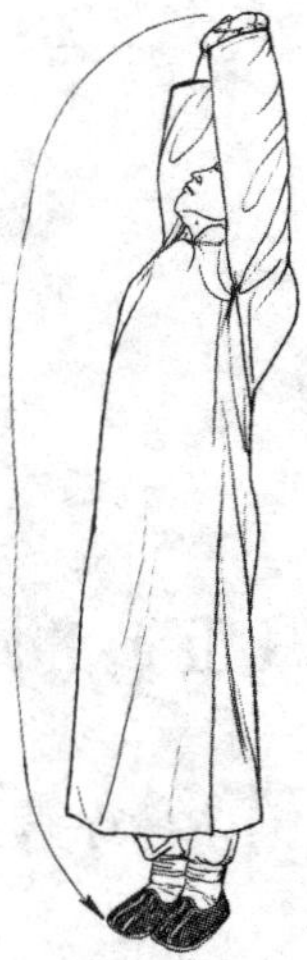

图2-189

（四）上体右屈

两膝勿屈，徐徐向右下深屈；两臂亦随之落下，至掌心着地止。（图2-190）

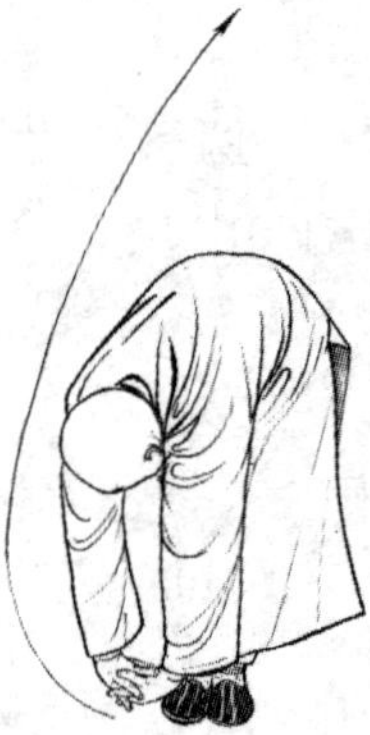

图2-190

（五）上体直立

上体徐徐直立，两臂随之举起还原（一）之姿势。

（六）两臂放下

两臂放下，还原立正势。

【要点】

1. 两臂由左右举起时，臂宜挺直用力，至头上时，即将两手十指相组，各以指间抵住手背，两上臂在两耳之旁，两掌上翻，掌心宜吐力。

2. 上体向前左、右屈时，两腿宜挺直勿屈。头宜抬起，以免脑充血。两臂下落，以着地为宜，但初学时不易，日久即成。

【功效】

可治腰部诸病。

能使腰部灵活，臂部、腿部筋肉伸长。

第三章

熊氏真传少林大易筋经

第一节　诸序

一、熊序

余家世代弓刀，以武职居官时，有将门之誉，或言祖屋使然。

余十七岁春光，先伯任粤督标后营守备，请新年酒，当筵对众宾客言："人云将门无弱子，今观儿辈，诚风水尾矣。"余在座闻之，敢怒不敢言。

先父时已弃武就文，在闽为候补道，不乐居官，归作田舍人矣。见余怒状，曰："你向骄，不然，习'易筋'正合时矣。"

余遂矢志先父学"易筋"五周年。至二十二时，能抱考试武科三百斤石加三张刀共六百斤，在三丈径之场内，行二十周。以此知腰力有如此矣。又以三指捻香港仙士（编者注：香港铜币）能折，以此知指力又如此矣。然虽知力之暴长如此，究未明其所以然。于是，先父将所然之法说明。然后，知练力先要练气，力从气中生。（图3-1）

余今年七十有五，皮肉幼滑，不露筋骨，人或不信余之真实年岁。李子佩弦，从余习此法，并志在广传此法，已为之作各势于后，以飨学者。又请余弁言，故为之略述原起如此。

图3-1

有人见余老且健，也问余养生术，余有《浪淘沙》一阕，附录于下。

行橐懒攫钱，倦即高眠。

冬吟白雪夏吟蝉。

渡海登山无定着，随意车船。

旧岁古梅边，重结乡缘。

田家小饮辄颓然。

四百五十回轮甲子，莫问何年。

——岭东梅县熊长卿序于上海南园

二、陈序

余十四岁开始学拳，凡武艺书籍莫不留心，初见《易筋经》，于其命名不无疑焉。以常识未充，未敢妄事论定，私心自忖，筋亦能易乎？

阅古本《易筋经》，其意“易”字是改变之意，“筋”是肌肉，“经”是方法。总言之，是改变肌肉之方法。医家生理，谓人身细胞，七年一易，是否如此，尚待证实。“易筋经”之练习，实为坐马用气运血，以“易筋经”三字统其名，未尝不可。

余于一九二〇年到广州，协助地方人士成立“精武体育会”，由陈铁笙之介识熊长卿先生，与谈武术数日不倦。其家人子女无不精修武术，曾为余言，彼练“易筋经”，能叠骨。余甚奇之，以匆匆旅人，未求进修。长卿以善武功，年八十始卒，足证武术之于寿命有莫大关系焉。

一九五七年，余修武术发展史，遇精武老同志李佩弦君，相谈往事甚欢。彼出熊长卿先生《易筋经》本，是为长卿家传秘本，仅传于彼，邀余作序。因复忆三十七年往事，并知易筋经对于健康之妙用，尤其熊氏家传叠骨本，今佩弦既得其真传，一幸事也。

李君服务精武数十年，足迹遍海内外，年五十余仍致力武化不懈。其编此书，旨在广传秘要，使此寿人寿世学术，遍及于众。李君诚一新时代之武术专家也。

——陈公哲一九五七年三月十日识于香港之健康村

三、李序

少林易筋经，坊间刊本殊多，尝见学者，得斯法之一鳞半爪，亦获奇效。是篇乃熊家嫡传，与坊间印行者迥异，盖秘本也。

鄙人丙子初春赴沪，舟次遇熊君长卿，畅谈武术。忽忆友人从游熊君，习易筋经，举而相讯。熊君告余曰："余年逾古稀，而精神矍铄，迥异常人，其致强之道，实赖易筋经之功。"当承示各法，数分钟内，果有特征。据谓，久习此法，力气不期而自增至。彼曾以臂力、指力示人。

斯法之动作，简单易学。第一级不费力，老弱咸宜。第二级宜于初发育之少年。第三级之练力法，数年纯功，可臻力士地位。余以经验所得，常以斯法授同寅，其有患痼疾者，练习数月，必收大获。

因恐此道日久湮没，谨依熊氏面授家传方势，绘图说明，以供同好之研究，欲转弱为强、延年益寿者，幸勿忽诸。

——癸末季秋李佩弦序于羯磨草庐

第二节 练易筋经之实效

吐纳术乃中国独有之技，是篇亦吐纳法门之一种。故练气者占多，练体者较少。

查各种气功本源，多从佛家传出。佛家之气功则以印度康藏为著。大密宗气功有九接风、宝瓶气、拙火定等，唯习此法要有师承及长依师，万勿以一知半解妄自练习也。

至易筋练气，系属粗浅功夫而矣。然数载纯功，内脏必强，气力必增，则又令一般学者，发生无限兴奋。

余主持广州精武体育会时，曾有几位长者研究，其中有虚不受补者，有常见头冷者，有消化不良者，有胃病、肺病者，只习第一级至四势，两月内竟次第收获，良好转变。后来，人各一方，数载分散，忽有相值，但均觉精神饱满。询以经过，皆云藉练易筋法不断，故战胜一切病魔。易筋功效有如是之大，诚人类健康之保障，抑亦弱者之救星也。仅述一二，俾资印证。

——上海精武体育会李佩弦

第三节 易筋经例言

一、第一级八势。第五、第八两势，略有动作，余势无动作。

二、第二级四势。一至三势均无动作，第四势动作另有说明。

三、第三级二势。第一势无动作，第二势动作另有说明。

第四节　练易筋经注意事项

一、每势从九次呼吸起，至八十一次呼吸止，呼吸宜慢宜长，忌急速。初学由九次呼吸起，练至纯熟无勉强，再加九个呼吸，循序渐进，切勿勉强。每一势练习完毕，略事休息，方可继续练别势。因为练深呼吸绝对不可牵强。如觉疲倦，即须调息，后再继续。

二、初学应由第一级第一势，从九次呼吸增至八十一次呼吸，自觉无勉强，方可学第二势。唯初学往往因习一势觉枯燥无味，则又可习一至八势，行九次呼吸，逐渐增加至每势八十一次呼吸，但要逐渐增加，切忌急速。

三、呼吸须咬牙，舌抵上腭，口微开。咬牙作用系年老牙不脱。口微开乃助呼吸自然。舌抵上腭则增津液。

四、学习此法宜早、午、晚行之，至少每日行一次。练时须精神专一，肩下沉，不挺胸。每势完毕，须缓行数步，略事休息。工作过劳不宜练习，因为无甚益处，但亦无损。总要自然，不要勉强。

五、运动时，凡握拳，或按掌，或上托，或前推，或左右撑掌等势，每一呼吸必加一紧。例如，握拳呼吸后，愈握愈紧直至呼吸次数完毕，乃放松。前推、上托、左右撑等势均同。

六、第一级练习时，不必用力，务要纯任自然，久习则气力不期而自至。第二级一至四势，乃叠骨法，熊师曾演习此势，全身缩短五寸，据云童年苦练必能成功。各势呼吸须注意吸气下沉至丹田。

七、第三级第一势吞阴法，童年学习，数年纯功，方易成就。第二势全练指力、腰力。各势久练有延年益寿、转弱为强之特效。

八、本编三级共十四势，各有不同之特点。人手一编虽可练习，但求收效迅速及易于明了，则须从师学习，注意口诀。

第五节　易筋经各级各势练法

一、第一级

第一级共八势，第五和第八两势，略有动作，余势无动作。

第一势　四指握拳呼吸

【练法】

双足立定，宽如肩阔，眼平视，牙咬紧，口微开，舌抵上

髎；两手握拳，大拇指贴大腿，每一次呼吸完毕拳握一紧，勿放松，愈握愈紧。直至八十一次呼吸完毕，乃放松。（图3–2）

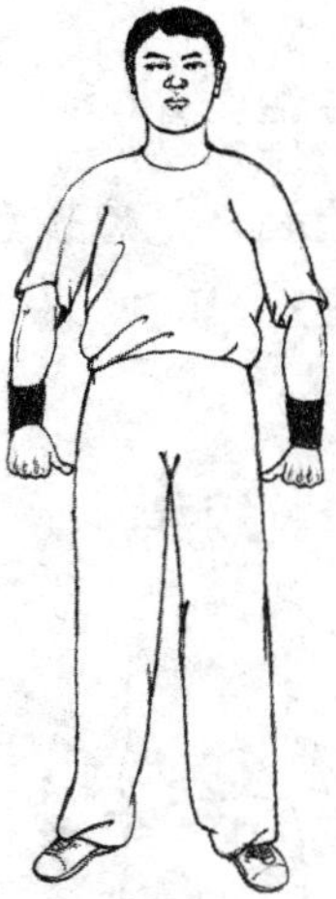

图3–2

【功效】

行之数月，手力自然增加。

【要点】

肩要沉，胸勿挺，引气下沉丹田。

初练先做九次呼吸，两手即放松，以后逐渐增加，总要自然不勉强。

第二势　双掌下按呼吸

【练法】

双足立定如前势，眼平视，牙咬紧，口微开，舌抵上腭；两手掌左右下按，左右手指翘起，掌愈按愈下，勿放松。至八十一次呼吸完毕，乃放松。（图3-3）

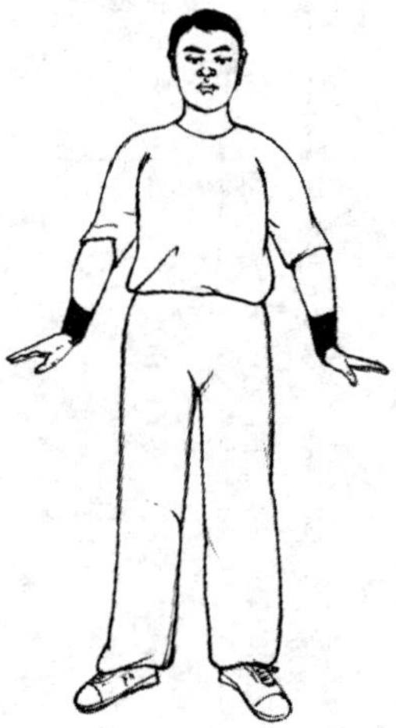

图3-3

【功效】

此势亦增长手力、腕力。

【要点】

沉肩，含胸，气沉丹田。掌下按时，手指翘起。

第三势　双掌前推呼吸

【练法】

双足立定如前势，眼平视，牙咬紧，口微开，舌抵上腭；两掌前推，大拇指与食指尖相对成三角形，每一次呼吸完毕，双掌向前推出，手指同时拗入，愈推愈前，愈拗愈入。直至八十一次呼吸完毕，乃放松。（图3-4）

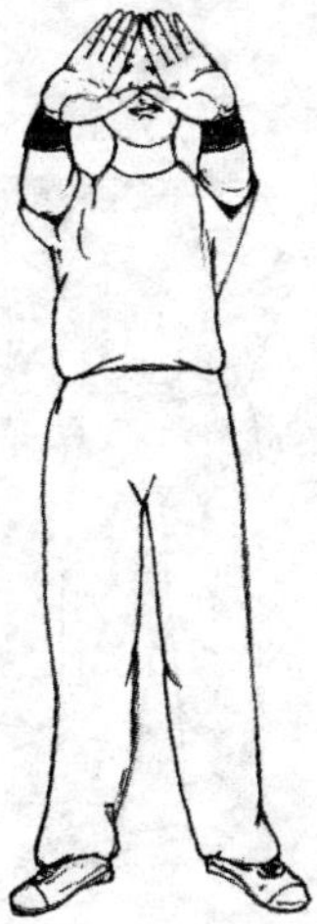

图3-4

【功效】

此势长手力与指力。

【要点】

手臂微屈，气沉丹田，手指拗入。

第四势　左右伸掌呼吸

【练法】

双足立定如前势，眼平视，牙咬紧，口微开，舌抵上腭；两手掌左右平伸，用意想有重物置于两掌之中，每一次呼吸完毕，用意把掌上托，愈托愈重，只用意两掌均不动，练至八十一次呼吸为止。（图3–5）

图3–5

【功效】

此势增长臂力。

【要点】

沉肩，收胸，气沉丹田。双手伸平，勿下坠。

第五势　双掌开合呼吸

【练法】

两足立定如前势，眼平视，牙咬紧，口微开，舌抵上腭；两手合十当胸，两大拇指贴身。吸气时两手分开，呼气时两手再合，练至八十一次呼吸为止。（图3-6、图3-7）

图3-6

图3-7

【功效】

此势使肺部一张一缩，对结核病有良好的效能。

【要点】

沉肩，含胸，气纳丹田。

两手开合时，手指拗出，大拇指贴身，不离肋，不提起。合掌当胸，连续开合，外开至肩宽为度。

第六势　左右撑掌呼吸

【练法】

双足立定如前势，眼平视，牙咬紧，口微开，舌抵上腭；两掌分左右撑开，掌心向外，手指向天，指尖拗向头部，每一次呼吸，双掌撑开。如是连续八十一次呼吸，愈撑愈开，直至完毕，乃放松。（图3–8）

图3–8

【功效】

此势增长臂力和腕力。

【要点】

沉肩，含胸，气沉丹田。指尖拗向头部。

第七势 双掌上撑呼吸

【练法】

双足立定如前势；双手反掌向上撑，掌心朝天，大拇指与食指头相对成三角形，面向天；呼气时牙咬紧，呼气时口张开，手向上撑高。愈撑愈上，直至八十一次呼吸完毕为止。（图3-9）

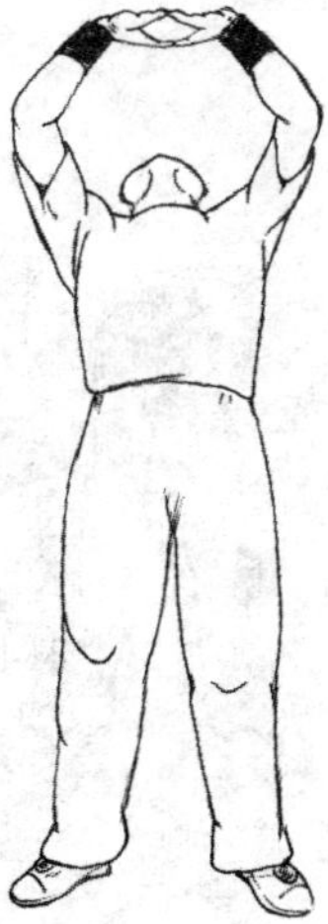

图3-9

【功效】

此势增长臂力和腕力，强壮颈项，并有助消化，去口中食气。

【要点】

气沉丹田。头上仰，眼看手背。胸腹不可凸出，手指拗落。

第八势　双手下垂呼吸

【练法】

双足立定如前势，牙咬紧，身变屈至90°角；两手徐徐下垂。身下弯时呼气，起立时吸气，两手愈垂愈下。呼吸如过于急速，起立时立定可再行一呼一吸，后乃下垂。如不觉疲劳，可连续八十一次呼吸乃止。（图3-10）

图3-10

【功效】

此势增长腰力和腹力，并对腹部脂肪过剩有特效，能减腹脂，收细腰围。如腹部脂肪过剩，每日习九九呼吸三次至五次，一月后可收大效。

【要点】

沉肩，收胸，气沉丹田。双手下垂时，两肩微微松动，手要放松，勿用力。

二、第二级

第二级共四势，一至三势均无动作，第四势动作另有说明。

第一势　弓步拗身呼吸（左右）

本势有左右两势。

【练法】

左足向右踏开一步，成右弓步势，身体向右拗后；右掌置背后，左手成圆形置额前，掌心向外，眼看左脚踵。此势站成，牙咬紧，乃行一至八十一次呼吸。（图3-11）

图3-11

【功效】

多习此势，对腰痛有良好转变。

【要点】

此势乃右叠骨势，但非童年练习，必难成功。呼吸时全身均不动。

第二势　握拳上仰呼吸（左右）

本势有左右两势。

【练法】

双足如前成右弓步，身躯挺直；右手握拳提高屈肘置头上，头上仰，眼看右手心；左手握拳垂下，拳心向后；牙咬紧。连续呼吸八十一次，乃放松。（图3–12）

图3–12

【功效】

练颈部粗壮。

【要点】

此势呼吸时，全身不动，右手腕微屈收紧，头上仰，颈部紧张。

第三势　上撑下垂呼吸（左右）

本势有左右两势。

【练法】

双足如前成右弓步，身体挺直；右掌向上撑，掌心朝天，指向头拗下；左掌下垂，指头向地，掌心向大腿；眼平视，牙咬紧。行八十一次呼吸乃放松。（图3–13）

【功效】

本势呼吸时，全身不可随便动作，每一次呼吸完毕（即每当呼气时），须右手上撑，左手下垂，有紧紧地将两手拉长之意。本势与“弓步拗身势”相互有联系作用，多练还有调理脾胃等作用。

【要点】

此势呼吸时，全身不动，每一次呼吸完毕须右手上撑、左手下垂，有将两手拉长之意。

图3–13

第四势　下蹲起伏呼吸

【练法】

双足尖贴地，相距尺余，两手叉腰，身体徐徐下蹲；当下蹲时，足踵离地，只用两足尖维持重心；眼平视，牙咬紧。下蹲标准，至大腿水平为度。一起一伏，至八十一次呼吸为止。（图3-14）

图3-14

【功效】

久练步稳肾固，至老健步无衰颓态。

【要点】

全套易筋法只此势与第五、第十四势有动作。

此势下蹲时呼气，起立时吸气。起时用足尖，立时足踵伏地，下蹲时足踵再离地。

三、第三级

第三级共二势，第一势无动作，第二势动作另有说明。

第一势　吞阴呼吸

【练法】

双足贴地，距离尺余；两手置于背后，右手握拳，左手握右腕；身微蹲下，两膝稍屈，眼平视，牙咬紧，舌抵上腭。连续八十一次呼吸乃止。（图3-15）

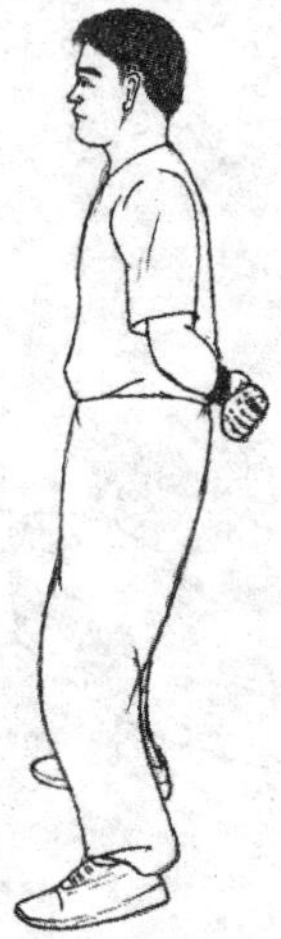

图3-15

【功效】

此势以站桩步引气下沉至丹田，能疗一切痼疾。

此势对肾部发展特强，成年人习之数月有不可思议之效果。

【要点】

谷道提起，气沉丹田，肾囊收缩。

第二势 俯仰呼吸

【练法】

全身蹬直，足趾与手指贴地，一俯一仰连续行八十一次呼吸。

重要点在手，手之运用须分三层。

第一层先用掌贴地活动。（图3–16、图3–17）

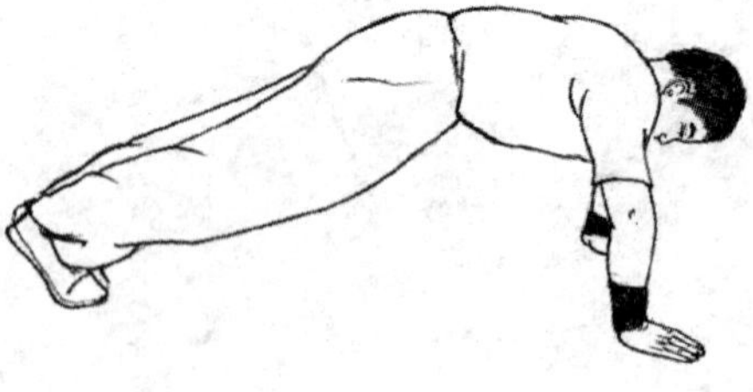

图3–16

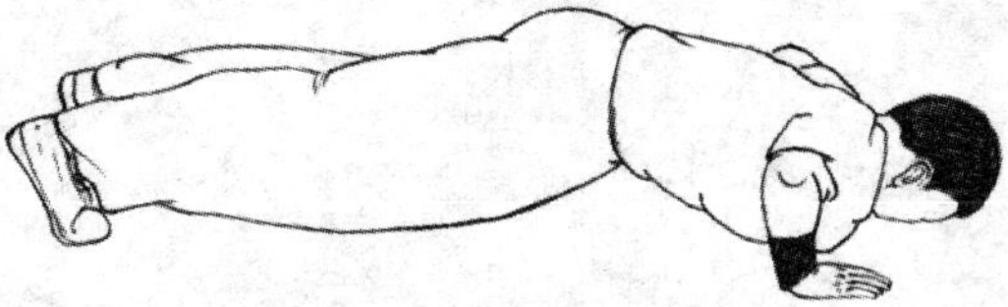

图3–17

俟纯熟后，第二层由掌变拳。

俟纯熟后，没有勉强，再用第三层由拳变指。指亦分平指和立指。平指即指甲朝上。立指即指甲朝横，全用指尖贴地。此层用指最难，但动作一俯一仰，由少增多，循序渐进，日久功深，则不觉其难。用指先以五指，逐渐减少至一大拇指，为达到最高峰目的。

【功效】

无病之人习此势，行之数月，臂力、指力、腰力不期而自至；行之年余，则指力能折铜钱。

【要点】

此动作，凡患肺病、心脏病、胃病者不宜练习。

此势发展大胸筋、后膊筋、三角筋、两头筋，前后腕、腿各部均有相当发展，动作宜慢。

第四章

少林易筋经吞气揉摩十二功

本易筋经，内以吞气，外以揉摩，内外兼修，正所谓“内练一口气，外练筋骨皮”，既能强身健体、祛病疗疾，又能增强功劲、抵打抗硬，是不可多得的易筋经秘功珍品。今选其精要，与同道共享。

第一节　易筋经论

天竺般刺密谛法师译。

一、易筋论

世尊大意，谓证登大果，初基有二。一曰清虚，一曰勇往。清虚无障，勇往无懈。不先辨此，进道无基。

清虚为何？洗髓是也。勇往为何？易筋是也。

易者变也，筋者劲也。原夫人体髓骨以外，皮肉以内，四肢百骸，无处非筋，无筋非劲，幕络周身，通行气血，翊卫精神，提挈运用。

试观，筋弛则疾，筋缩则挛，筋靡则痿，筋绝则折。再观，筋壮者强，筋舒者长，筋劲者刚，筋和者康。以上诸状，悉由内赋于天，外感于气，自成盛衰，非由人功也。

今以人功，变弱为强，变挛为长，变柔为刚，变衰为康，易之功也，身之利也，圣之基也。我命在我，此其一端。

然而，功有渐次，法有内外，行有起止，以至药物、器制、节候、年岁，及夫饮食起居，征验始终，各有次第、制度、宜忌，务须先辨信心，次立肯心，奋勇往心，坚精进心，如法行持，进修不懈，何患不跻圣域哉！

二、膜论

骨髓之外，皮肉之内，及五脏六腑，无处非筋，亦无处非膜。膜较于筋，膜为稍软。膜较于肉，膜为稍劲。筋则分缕，半附骨肉。膜则周遍，全着皮肉，与筋不同，故功须各尽。

然练筋易，练膜难。盖行功之道，以气为主。夫天地之生物也，气之所至，百物生长。故行功气至，筋膜长坚。但筋体虚灵，气至则起。膜体呆滞，气不倍充，不能起发。练至筋起之后，必须倍加功力，务候周身膜皆腾起，与筋气俱坚，外应于皮，并坚其肉，始为气充，始为完固。不则筋无膜助，譬犹植物，而非沃土根本，无滋荣之养，则枝干有枯朽之虞矣！安得成功？

三、内壮论

内与外对，壮与衰对。壮与衰较，壮可羡也。内与外较，外可略也。盖内壮言道，外壮言勇。道入至阶，勇仅俗务，悬霄壤矣！

凡练内壮，其则有三。

一曰守中。此功之要，在于积气。下手之法，妙于用揉，揉法详后。凡揉之时，手掌着处之下，胸腹之间，即名曰中。唯此中处，乃积气之地，必须守之。宜含其光明，凝其耳韵，匀其鼻息，缄其口气，四肢不动，一意冥心，存想中处，先存后忘，渐至泊然不动，斯为合势。盖揉在于是，守即在于是，则一身之精气与神俱注积之，久久自成无量功力。设或杂念纷纭，弛情外意，神气遂不凝注，虚所揉矣。

一曰万勿它及。人身之中，精血神气，非能自主，悉听于意，意行则行，意止则止。守中之时，一意掌下，方为能守。设或移念一掌之外，或弛意于各肢体，则所注之精气，随即走弛于各肢体，便成外壮，而非内壮，虚所揉矣。

一曰持其充周。揉功合法，气即渐积矣。精神附于守，而不外弛，气维蕴于中，而不旁溢，直至真积力久，日月已足，效应既形，然后引达自然，节节坚壮。设未充周，而辄散于四肢，则内壮不固，外勇亦不全矣。

四、揉法论

古语云：“筋力磨砺，而后能壮。”

唯此揉法，磨砺之义也，其则之有三。

一曰春月起功。盖此大约有三段，每段约百日。初行功时，便须解襟，次后必须现身，故宜于二月中旬起手，则向后渐暖，方为通便。

一曰揉有定势。人之五脏，右肺左肝，右气左血。凡揉之法，须从右边推向左边，盖推气入血分，令其通融。又取肺脏于右，揉令肺宽，能够纳气。至于揉者，右掌有力，便用不劳，又本自然者也。

一曰揉宜轻浅。凡揉之法，虽曰人功，实法天道，天地生物，渐次不骤，气至自生，候至自成。揉者法之，但取徐徐推荡，不可骤然太重太深，是为合法。设令太重则伤皮肤，而生瘢痱；太深则伤肌肉筋膜，而发肿热，俱无是处。

第二节 易筋经吞气揉摩十二功

一、丹田功

丹田者，气之海，练气之根本也。丹田气不充满，它处俱不能成。

练丹田之法，须身体端立，两足踏平，距离约四寸之谱。右手握住左手，两臂伸直，两手紧贴丹田。然后，闭口蓄气（此气非吸空间之气，乃本身之气），含之约二分钟，始抬头囫囵吞下，用意送至丹田，即时注目丹田；两腿同时向前稍屈。

片时，气下有声，以五指轻轻拍腹脐，名曰“唤气”。拍毕再蓄气一口，照前吞下。

如是三口，左右手松开，交叉收回腰间，仍还端立之势。双手握住，靠着肚皮，往下推揉数次。

足跟提起，微颠数次后，再以两手揉摩丹田，随揉随缓步徐行，愈多愈好。（图4-1～图4-12）

练过七日后，再增三口，仍照前法，增至九口为度。

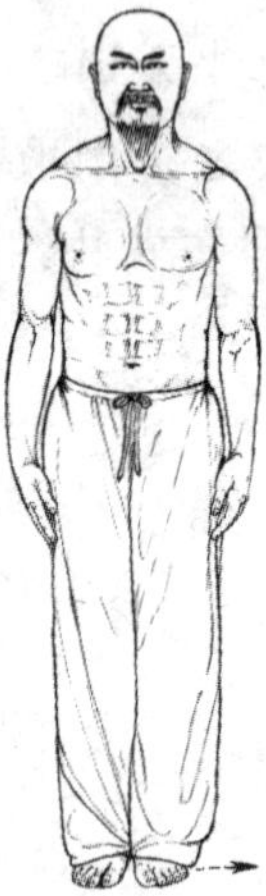

图4-1

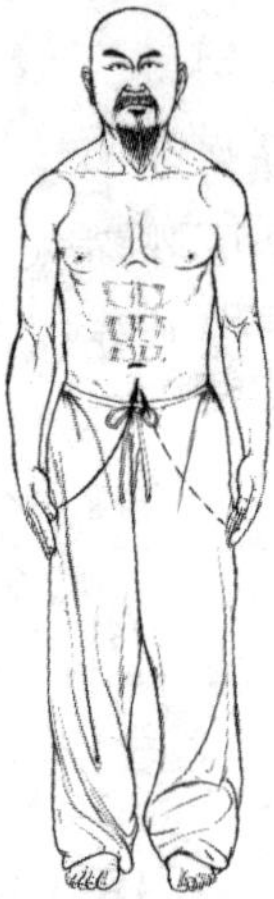

图4-2

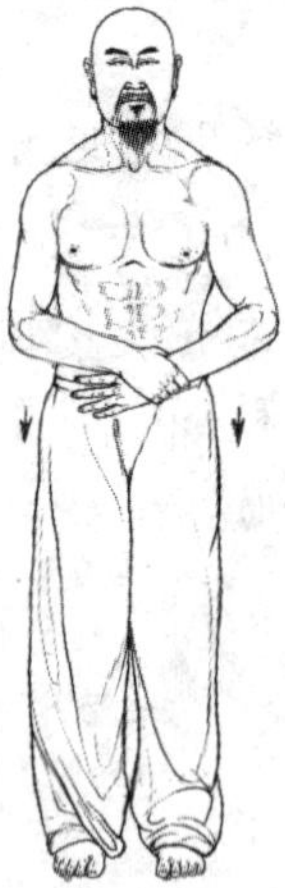

图4-3

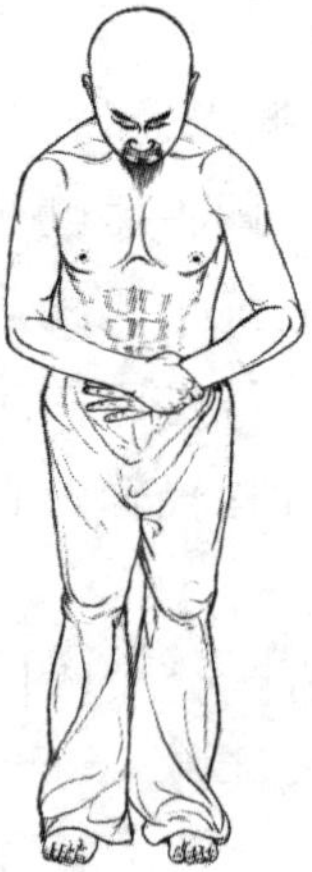

图4-4

图4-4附图

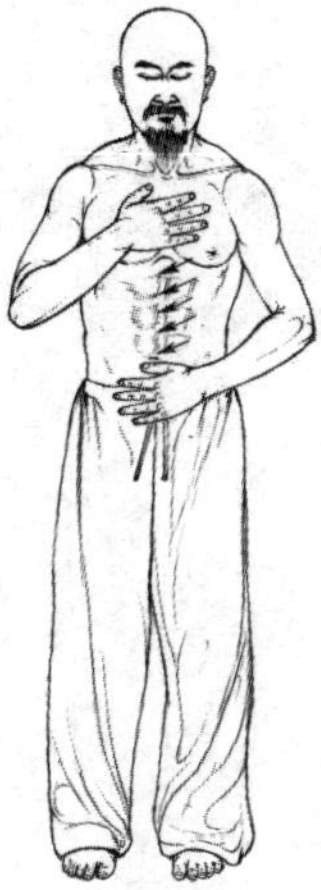

图4-5

图4-6

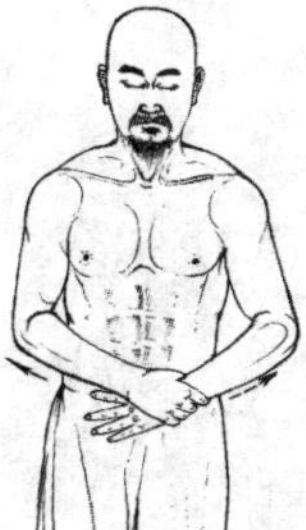

图4-7

图4-8

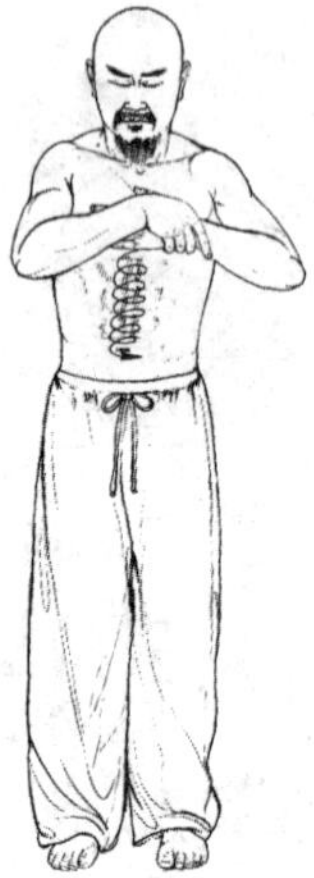

图4-9

图4-10

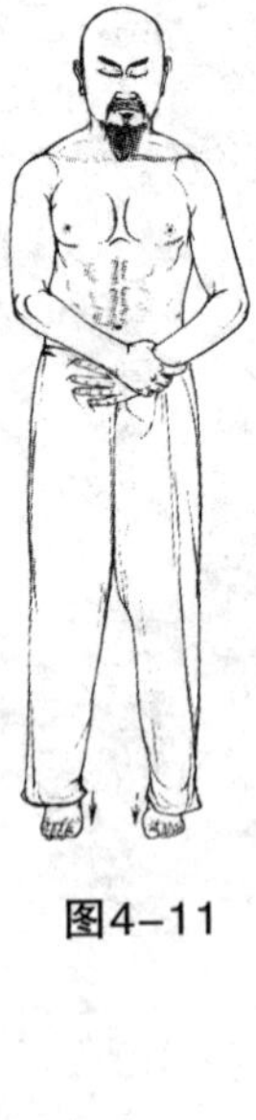

图4-11

图4-12

二、胃口功

双足盘坐，两手交加，抱住两肋。闭口蓄气，含之约两分钟，囫囵吞下，用意送至胃口，即时目视胃口。

片时，气下有声，用五指轻轻拍胃口。如是者三次，九口吞毕，双手交叉，收回腰间。

揉摩胃口，揉摩法同前。（图4-13～图4-20）

图4-13

图4-14

图4-15

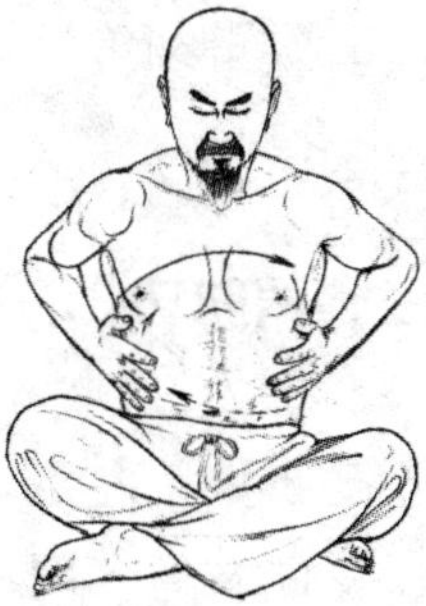

图4-16

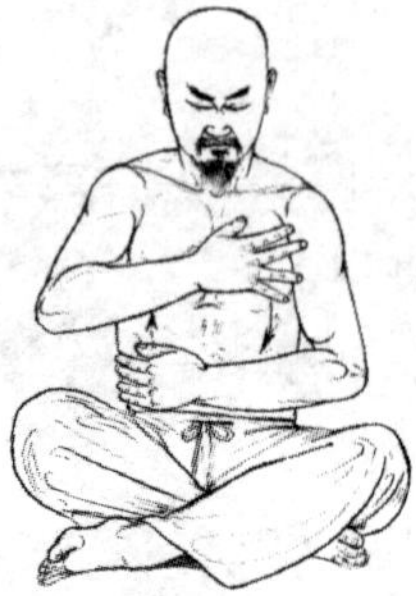

图4–17

图4–18

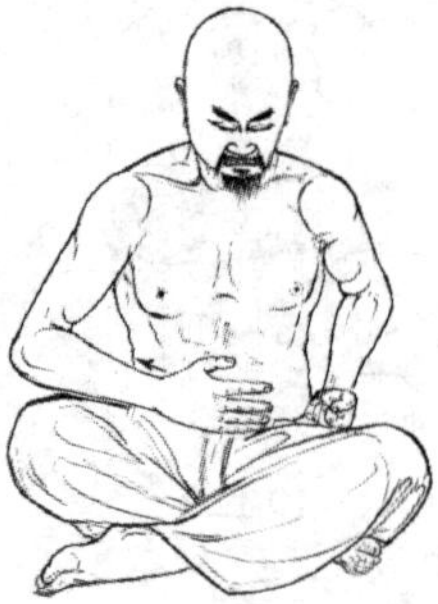

图4–19

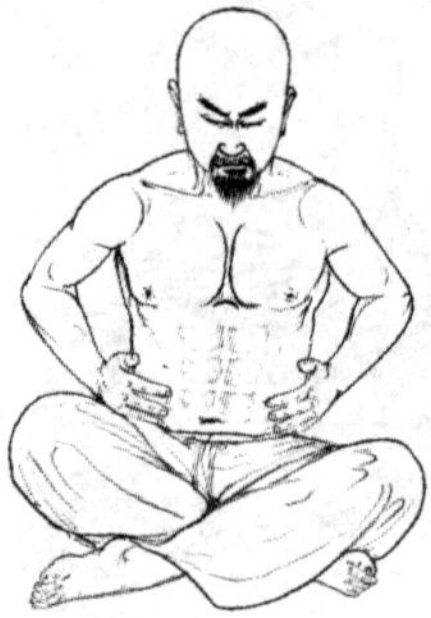

图4–20

三、两肋功

右足盘坐，左足向右伸直，右手搬左足尖，左手握成如意势伸直，口向右肩。闭口蓄气，含之约两分钟，囫囵吞下，用意送至左肋。

片时，气下有声，目视左肋。用手轻轻拍左肋，如是三次，九口吞毕。

揉摩左肋，揉摩法同前。右肋仿此。（图4-21～图4-24）

图4-21

图4-22

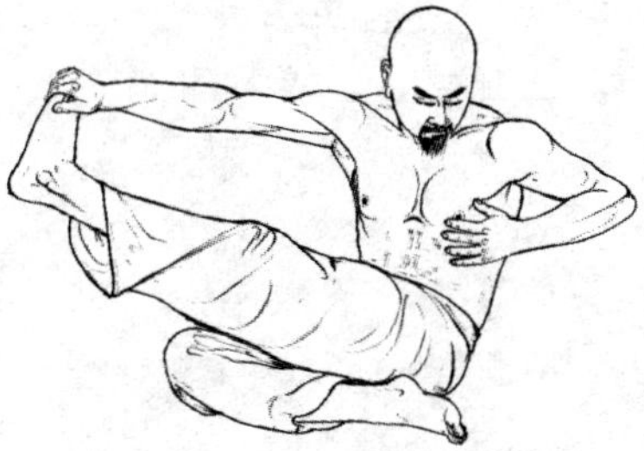

图4-23

图4-24

四、心窝功

身体仰卧，两手伸直，紧贴腹旁。闭口蓄气，含之约两分钟，囫囵吞下，用意送至心窝。

片时，气下有声，即时目视心窝。手足亦即向上竖起，用手轻拍心窝。

良久，手足即下，再蓄气一口，照前吞下。如是九口吞毕。

揉摩心窝，揉摩法同前。（图4-25～图4-28）

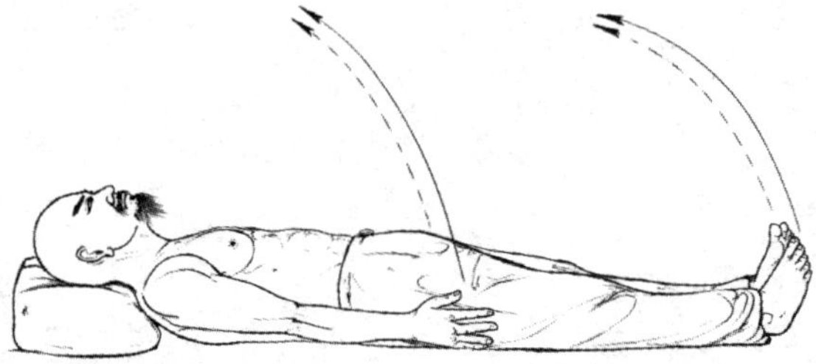

图4-25

图4-26

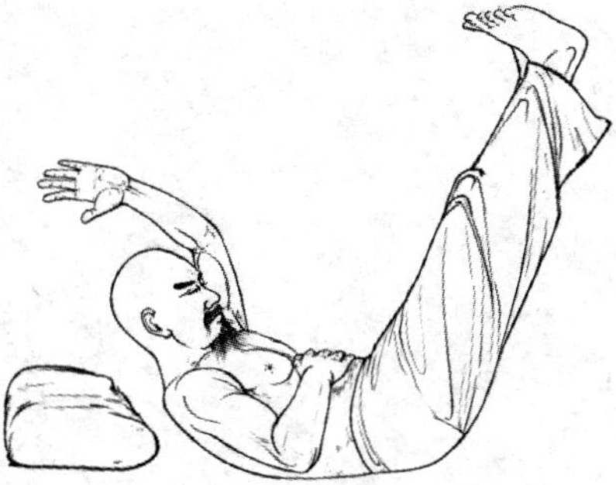

图4-27

图4-28

五、胸腔功

双足盘坐，双掌叠起，掌心向上，置之胸前。闭口蓄气，含之约两分钟，囫囵吞下，用意送至胸腔。

片时，气下有声，即时目视胸腔。用手轻轻拍胸腔。

如是三次，九口吞毕，双手交叉，收回腰间。

揉摩胸腔，揉摩法同前。（图4-29～图4-34）

图4-29

图4-30

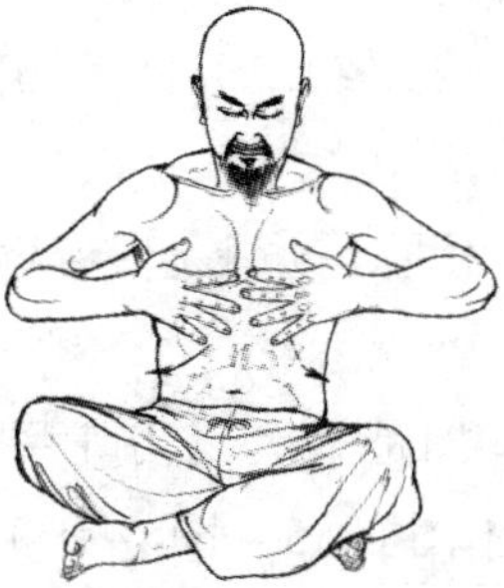

图4-31

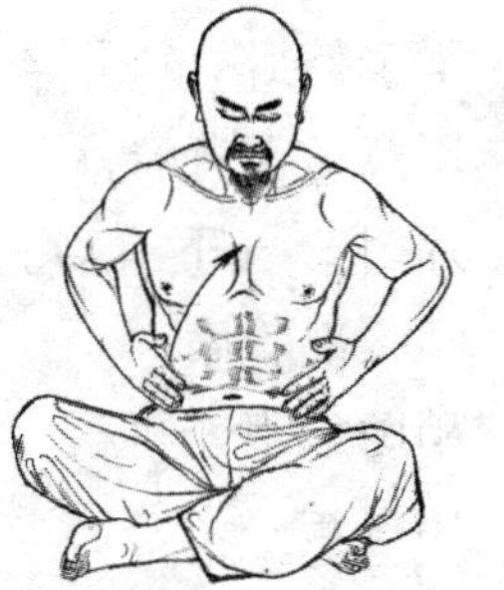

图4-32

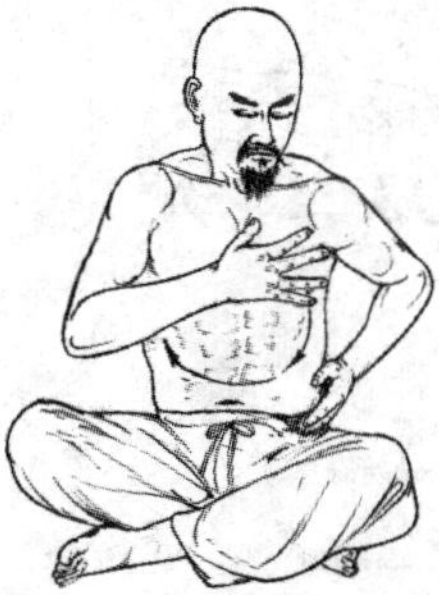

图4-33

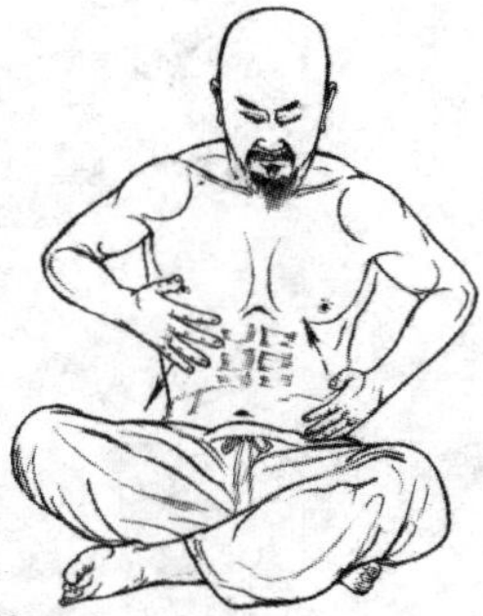

图4-34

六、背脊功

平身俯卧，头足与席平。闭口蓄气，含之约二分钟，囫囵吞下，用意送至背脊。

片时，气下有声，注意背脊，即时手足一并平起，悬于空间，唯腰部着席。

稍顷放下，再蓄一口气，照前吞下，如是三次，九口吞毕。

用白布一米，使手上下揉摩背脊。（图4–35～图4–38）

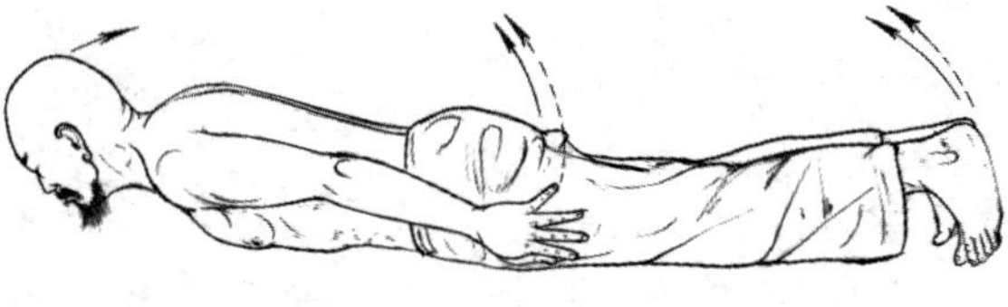

图4–35

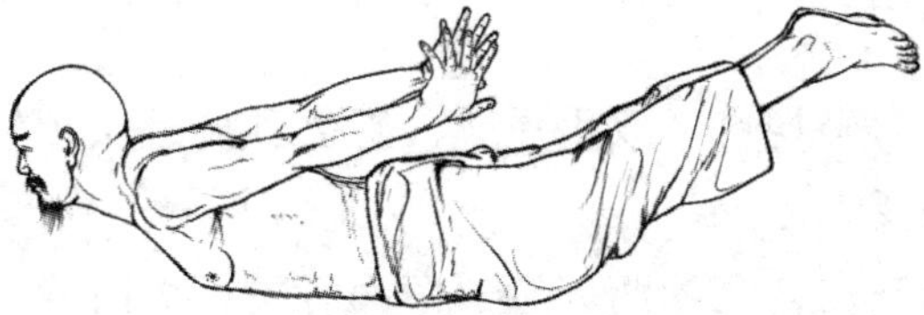

图4-36

图4-37

图4-38

七、顶门功

站立、盘坐均可。双手重叠，置之顶门，头项宜直，不可抬头，双目前视。

闭口蓄气，含之约两分钟，囫囵吞下，即时双目上视，注意顶门。

再蓄气一口，照前吞下。如是三次，九口吞毕，双手放下，置之腰间。

然后揉摩顶门，多揉摩为妙。（图4–39 ~ 图4–42）

图4–39

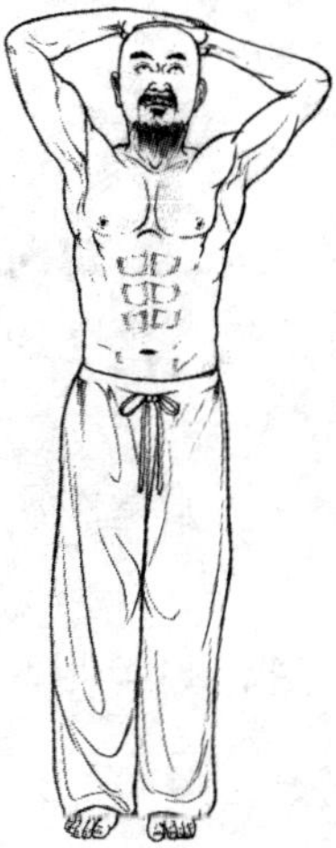

图4-40

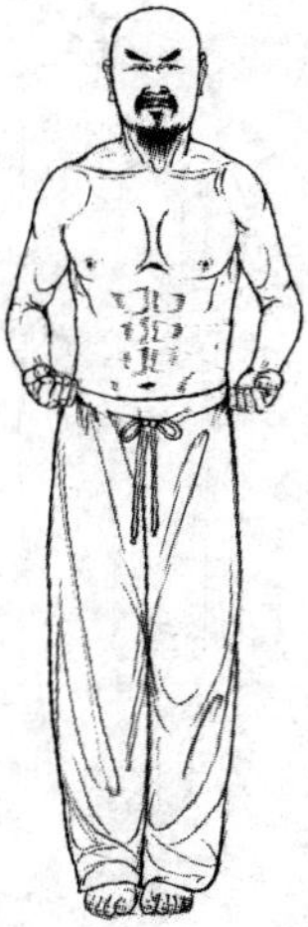

图4-41

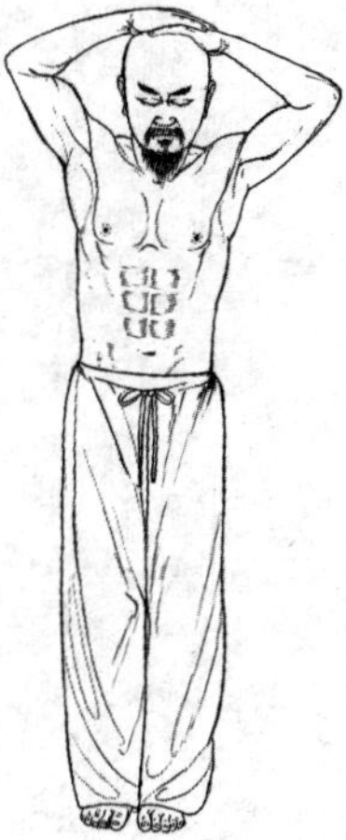

图4-42

八、两鬓功

立坐均可。头向左方歪斜，右臂向上弯曲，掌心置左鬓，左手握拳，置之腰间。闭口蓄气，含之约两分钟，囫囵吞下，目斜上视，注意左鬓。

再蓄气一口，照前吞下。如是三次，九口吞毕，右臂收回腰间。

即用手揉摩左鬓。（图4–43～图4–49）

右亦如是。

图4–43

图4–44

图4-45

图4-46

图4-47

图4-48

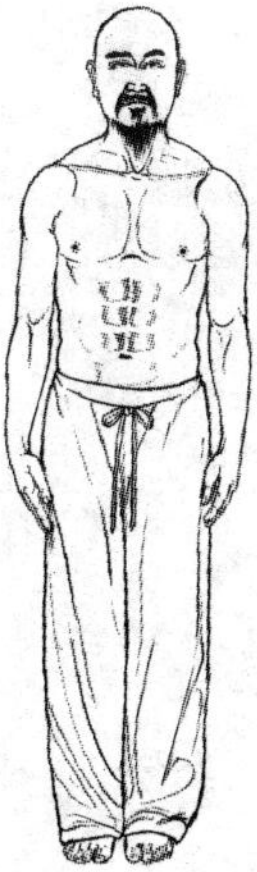

图4-49

九、两臂功

双足盘坐，头向左方；两膀臂向右伸直，手尖向上，左手置于右臂侧。闭口蓄气，含之约两分钟，囫囵吞下，用意送至右臂，气至时似觉蚁行，即时目视右臂。

再蓄气一口，照前吞下。如是三次，九口吞毕。

左手握拳，置于腰间；右手向下移至前方，用力提起。

揉摩右臂，愈多愈好。（图4–50 ~ 图4–53）

左亦如是。

图4–50

图4-51

图4-52

图4-53

十、两足功

平坐床沿，上身微仰，口向右肩；左足斜伸，足尖向前，足跟着地，足面水平，右腿屈于床沿；左手反叉左腿面，右手叉于股间。

闭口蓄气，含之约两分钟，囫囵吞下，用意送至足面，双目注视足面。

片时，再蓄气一口，照前吞下。如是三次，九口吞毕，双手交叉，握拳放之腰间。

揉摩足部，愈多愈妙。

如果单练腿时，足稍向上。（图4–54～图4–56）

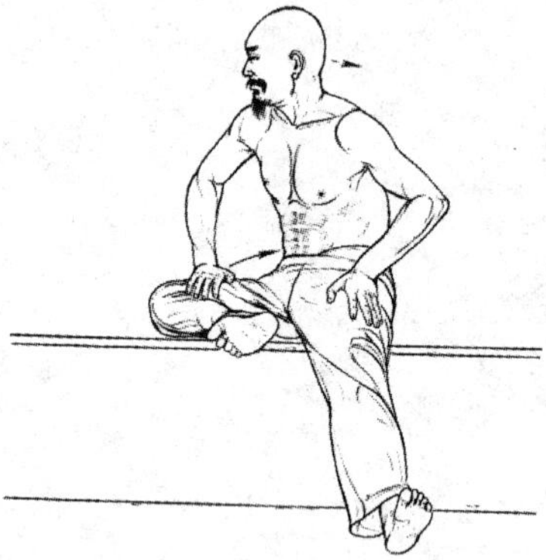

图4–54

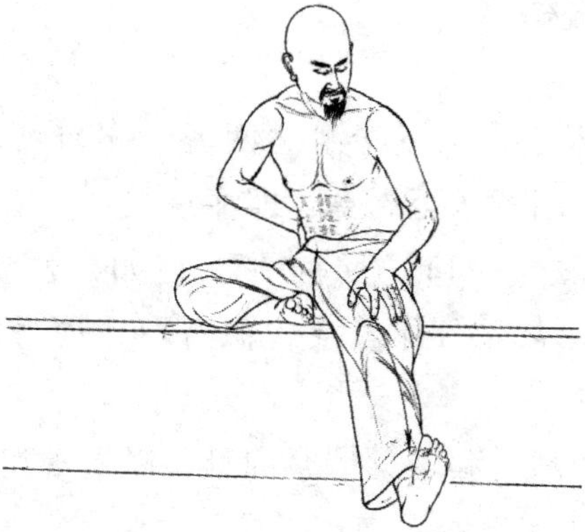

图4-55

图4-56

十一、铁板桥

身体仰卧床上，手置于身之两旁。闭口蓄气，含之约两分钟，囫囵吞下，用意送至周身，即注意周身。

片时，再蓄气一口，照前吞下，如是八十一口吞毕。此时头在枕，足在席，身体悬空，似桥形，周身之气乃到。（图4–57、图4–58）

约数分钟，然后起坐，揉摩周身，以周密为佳。

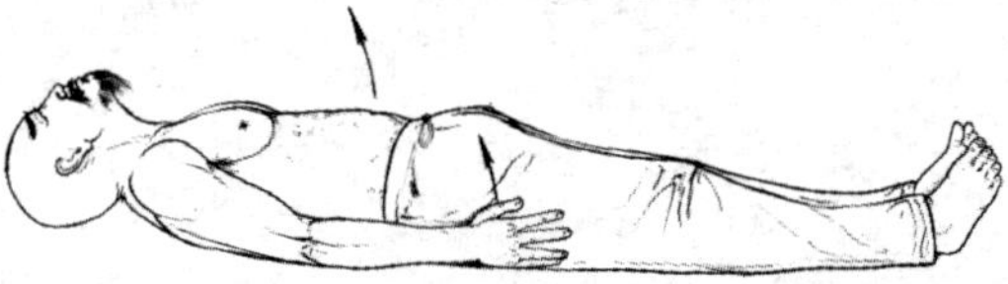

图4–57

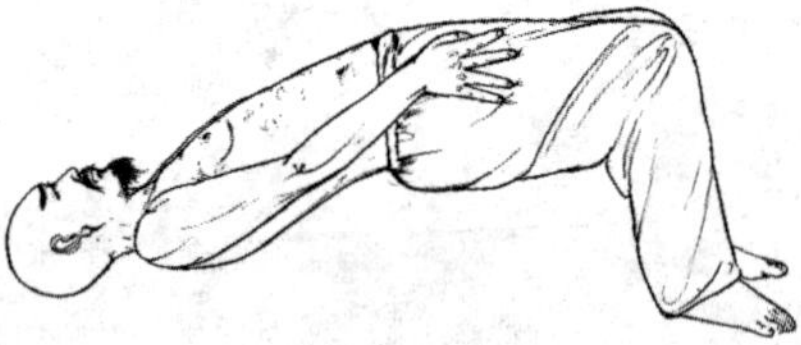

图4–58

十二、全揉功

静坐。

用两手左右揉摩丹田一百零八次，又用中指揉腹脐二十七次。（图4–59）

图4–59

再揉两肋至胃口，用鱼际（大指、食指之间，有肉坟起处）揉心窝四十九次。

然后再至胸腔，直由颈项过玉枕，至泥丸到下鹊桥，均要揉摩。

再将鱼际揉热，拭目二十七次。去目疾。

用手心揉鼻三十六次。润肺。

揉耳二十七次。通肾。

揉面二十七次。去皱斑，悦颜色。

双手掩耳，用食指放在中指上，弹枕骨凹处二十七次，名曰鸣天鼓。去头火。

叩齿二十七次。去牙风。

双手抱颈项，向后面仰，视手与项，争力十四次。除肩疼。

揉摩两腮，以至咽喉，捏气管四十九次，捏项筋一百零八次，头向左右反视，肩膊随转二十四次。去脾胃积邪。

再至两腋，捏腋筋一百零八次，手背、手心、寸口均要揉摩。

背脊用白布上下揉摩。

下至腰间，两手揉热，揉一百零八次。除腰痛，去风邪。

至臀部，均要揉遍。

至睾丸握一百零八次，外阳搓四十九次，睾丸之筋捏一百零八次。生精固阳。

至腿弯筋、膝盖，亦捏一百零八次；再过腘窝，至髁骨，阴跷、阳跷均要注意多揉；下至足部，足心涌泉穴揉一百零八次。除湿、健步。

功毕，憩息片时，起立再练。

握拳一百零八次，又用掌向前推五十次。

如此，久久行之，强健身体有奇效。

第五章

南少林甘凤池易筋经秘谱

无锡严君尹者，雍乾间武功大师也。其先本世家子，后屡试不售，乃弃文就武，从江南甘凤池学易筋经。

凤池师祖，江南江宁人，为天下拳棍名师，拳勇冠天下。得南少林朝元大师亲炙，武艺高强，易筋经劲，身如铁石，手能破坚，握铅锡化为水。（图5-1）

图5-1

师祖以尹为儒生，又谦和慎默，非挟技凌人者，青眼相加，全经悉授。相处多载，尽得其秘。

尹归，闭户养性，绝口不谈武事，人亦不知其擅此也。生平未收异徒，人有偶闻为请者，皆婉言谢不敏。尹卒，年九十余，子三人，亦皆擅武术，深秘不授人，盖守父训也。

其亲戚谢某者，知严氏藏有《甘凤池易筋真经》，久欲得之。不敢请，恐请亦不应焉。乃留心潜学，得间录之。而后请曰："闻君家有真经，请一借观，以偿夙愿。"三子难之。谢笑，从袖中出一卷曰："似此不知较君家旧藏为何如耳？"严氏见此，知秘已泄，第嘱善藏之，勿轻以炫人也。

谢氏势微，此卷乃为蒋君所得。知余好此，遂更录其，付以相赠。此亦甘凤池易筋经真谱之由来也。（无锡荡口吴天佑谨识）

一、易筋论

【秘谱】

凡学者，初基有二：一曰清虚；一曰勇往。清虚无障，勇往无懈。不先辨此，进道无基。

清虚谓何？洗髓是也。勇往为何？易筋是也。易者，变也；筋者，劲也。

原夫人身髓骨以外，皮肉以内，四肢百骸，无处非筋，无用非筋，无劲非筋，联络周身，通行血气，助益精神，提挈动用。试观：筋弛则痪，筋挛则痿，筋弱则懈，筋缩则亡；再观：筋壮者强，筋舒者长，筋劲者刚，筋和者康。此皆内赋也。于天，外感于病，或盛或衰，非由功修，不成诸壮；今以人功，变弱为强，变挛为长，变柔为刚，变衰为康，易之力也。

然而，功有渐次，法有内外，气有运用，行有起止，以至药物器制，节候岁年，及夫饮食起居，徵验始终。务宜先辨信心，次立恒心，奋勇往心，坚精进心，如法行持，日修不懈，无不成功也。

二、膜论

【秘谱】

髓骨之外，皮肉之内，以至五脏六腑，四肢百骸，无处非筋，亦无处非膜。

膜较于筋，膜为稍软；膜较于肉，膜为稍劲；筋则分缕，半附骨肉；膜则周遍附着骨肉，与筋有分。其状如此。练筋则易，练膜则难。

盖操练之功，以气为主。天地生物，气之所至，百骸生长；修炼气至，筋膜齐坚。然而，筋体虚，运气至，则起膜；体沉浊，气不倍，不能起发。练至筋起之后，必宜倍加功力，务使周身膜皆腾起，与筋齐坚，外着于皮，并坚其内，始为气充，始为了当。否则，筋无助，譬犹植物无培于土，非曰全功。

三、内壮论

【秘谱】

内与外对，壮与衰对。壮焉可歆也，外可略也。内壮言道，外壮言勇。道植圣基，勇仅俗务，隔霄壤矣。

凡练壮，其则有三。

一曰：守中。

此道练法专于积气，下手之妙要于揉。其法详后。

凡揉之时，解襟仰卧，手掌着皮，其一掌，下胸腹之间，即曰中。唯此“中”，乃存气之地，应须守之。须含眼光、凝耳韵、匀鼻息、缄舌气，四肢不动，一意冥心，存想中处，先后存忘，渐渐至于如如不动，是名曰守。斯曰合势。（图5-2）

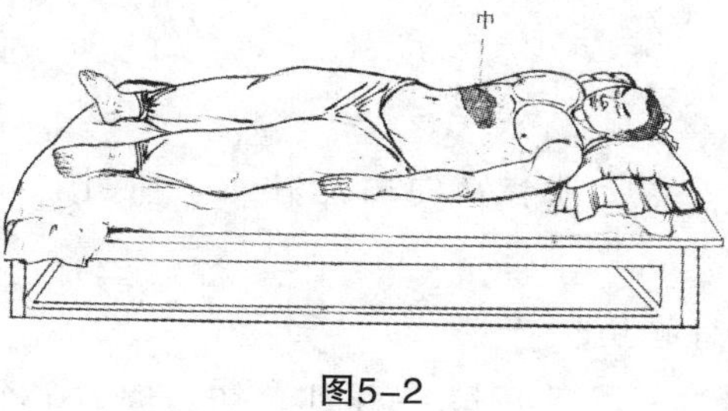

图5-2

盖揉在于是，守在于是，则一身中精气与神俱注于是，久久积之，是成功效。设或杂念纷纷，弛想世务，神气遂不凝注，虚所揉矣，无有是处。

二曰：万勿它及。

人身之中，情、神、血不能自主，悉从乎意，意行则行，意止则止。守中之时，一意掌下，是为合势。

设或弛念一掌之外，又或弛念于各肢体，其所积精气与神，随散之于肢体，即或外壮，而非内壮矣。揉而不积，虚所揉矣，无有是处。

三曰：待其充周。

凡揉与守，所以积气，气既积矣，精神、气血悉附之守。守之不弛，揉之且久，唯中蕴，而不旁溢。真积力久，自然充满周遍。即孟子所云："至大至刚，塞乎天地之间者，自然为浩然之气也。"

设若未及充周，驰意外走，散于四肢，则内壮不坚，外勇亦不全矣，两无是处。

四、揉法

【秘谱】

谚语有云："筋骨磨砺而后能壮。"唯此揉法，磨砺之义也。其则有三。

一曰：春月起功。

盖此法大约三段，每段一百日。初行时，必须解襟；次段功夫，必须见身。宜取二月中旬，下功为始，以后渐暖，乃为通便。

二曰：揉有定势。

人之一身，右气、左血。凡揉之法，宜自右边推向左边。是盖气入于血分，令其通融；又取胃居于右，揉令胃宽，能多纳气；又取揉者右掌有力、便于、不劳。

三曰：揉宜轻浅。

凡揉之法，虽曰人功，功宜法天义。天地生物，渐次不骤，气至自生，候至自成。揉者法之，但取推荡，徐徐往来，勿轻勿重，久久自得，是为合势。

设令太重，必伤皮肤，则生斑痱；深则伤于肌肉筋膜，则生肿热，两无是处。

设有下功急迫，而不遇春夏，择深邃之居，温暖之处；或设炉火，使暖气遍满室中，亦可为之矣。

五、日月精华

【秘谱】

太阳之精，太阴之华，二气交融，是生万物；古人知之，而善咽之。其法秘密，世人莫传也。况无坚志，且无恒心，是虚负居诸也。

凡行内练者，自初功起，至于成功，以至终身，无论忙闲，勿论时候，而此采精练华之功，不可间断。其所以采咽者，盖取阴阳精华，益我神气，瘀滞渐消，清灵自长，万病不生，良有大益。

采咽之法：

日取于朔，谓与月初交，其气新也。月取于望，谓金生盈满，其气旺也。

设朔望日，值有阴雨，或值不暇，则取初二、初三、十六、十七。若过此六日，虚而不可取也。

取日于朔，宜初出时，登高默对，调匀鼻息，细吸光华，令满一口，闭息凝神，细细咽下，以意送之，至于宫中，是为一咽。如此七咽，静存片时，然后起行，径从应酬。

望取月华，亦如此法，于戌亥时，采吞七咽，此乃天地自然之利。

唯有恒者，为能享用之，亦唯笃信者，乃能自取用之。

六、内壮服药法

【秘谱】

练壮之法，外资于揉，内资于药。行功之始，先服一丸，约药入胃将化完时，即行功夫。

揉与药力，两相凑迎，乃为得法。过与不及，皆无益也。每功一日，服药一丸，照此为常。

1. 内壮丸药方

【秘谱】

一方：

野蒺藜，去刺炒；白茯苓，去皮；白芍药，火煨；大熟地，酒洗；辰朱砂，水飞；全当归，酒洗；于白术， 土炒；真人参，去节；粉甘草，蜜水炙；大川芎，炙炒。共为末，炼蜜为丸，药重一钱，或汤或酒送下，每服一丸。

又方用：

女贞子，拣净；建莲肉，去心；牡蛎，水洗白，色煨；山药，各等分。为末，面糊丸，如同桐子大，每服二钱，白汤送下。

一云，多方品合，其力不专，另立一方：

只取野蒺藜一斤，炒去刺，细末蜜丸，每服一钱或二钱。

一方用：

白茯苓一味，去皮为末，每服一钱，蜜水调下；或炼蜜为丸；或以茯苓块浸于蜜中，久浸愈佳。

一方用：

朱砂水飞，每服三分，蜜水调下。此方次之，不可久服。

2. 荡法药水方

【秘谱】

行功之时，先宜频荡洗法：用地骨皮、食盐煎水，乘热荡洗，则气血融和，肌肤舒畅。

盖盐能补坚，功力易入；凉能散火，不致聚热。

或一日一洗，或两日一洗，以此为常，功成乃已。

七、初月行功法

【秘谱】

初揉之时，择少年童子数人，更番揉之。一取力小，揉推不重；一取少年血气壮盛。

未揉之先，服药一丸，药将化时，即行揉法，与药力一齐运行，乃得其妙。

揉时解襟仰卧，心下脐上，适当其中，按以一掌，自右向左，推而揉之。徐徐往来，匀匀勿乱，掌勿离皮，亦勿游动，是为合法。（图5-3）

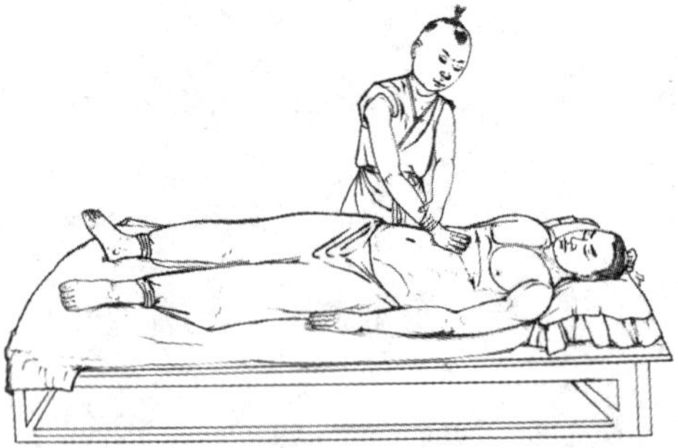

图5-3

当揉之时，冥心内观，守中存想，勿忘勿逐，意不它驰，则神悉皆附注一掌之下，是为真正火候。若守中纯熟，推揉匀静，正揉之际，意不它往，竟能熟睡，更为得法，胜于醒守也。

如此行特约略一时为不能定，以大香二炷为则，早、午与晚，共行三次，日以为常。如少年火盛，只宜早晚两次，恐其火聚，或致它虞。

行功既毕，静睡片时，清醒而起，不妨应酬可也。

八、二月行功法

【秘谱】

初功一月，气已凝聚，胃觉宽大，其腹两旁，筋皆腾起，各宽寸余，用力努之，硬如木片，是有验也。

两胁之间，自心至脐，软而有陷，此则是膜较深于筋，掌揉不到，不能腾也。至于此时，于前揉处一掌之旁，各开一掌，仍为前法，徐徐揉之。（图5-4）

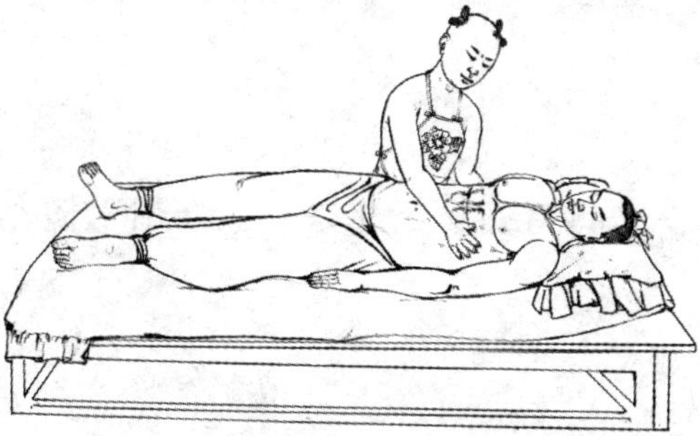

图5-4

其中软处，用木杵深深捣之，久则膜皆腾起，浮至于皮，与筋齐坚，至全无软陷，始为全功。（图5-5）

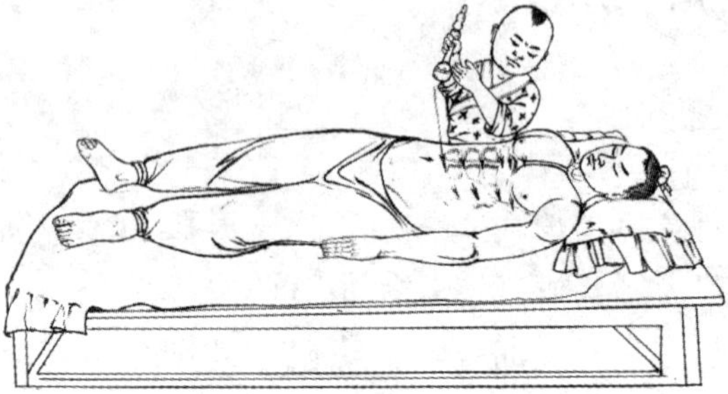

图5-5

此揉、捣之功，亦唯二香，日行三次，以为常则，余仍应酬。

九、三月行功法

【秘谱】

功满两月，其间陷处，至此略起，乃用木槌，轻轻打之。（图5-6）

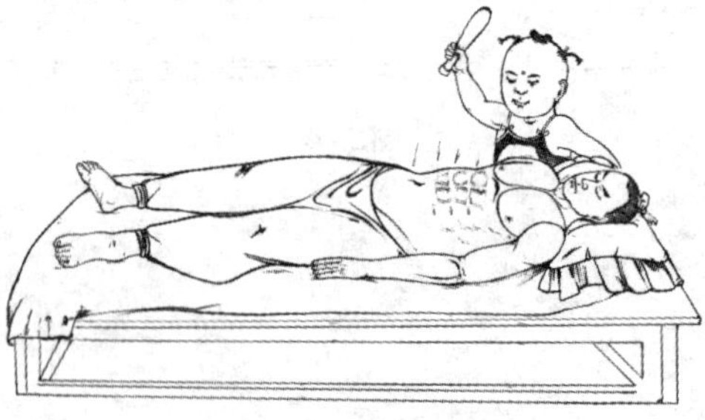

图5-6

两旁所揉各宽一掌处，都用木槌，如法捣之。（图5-7）

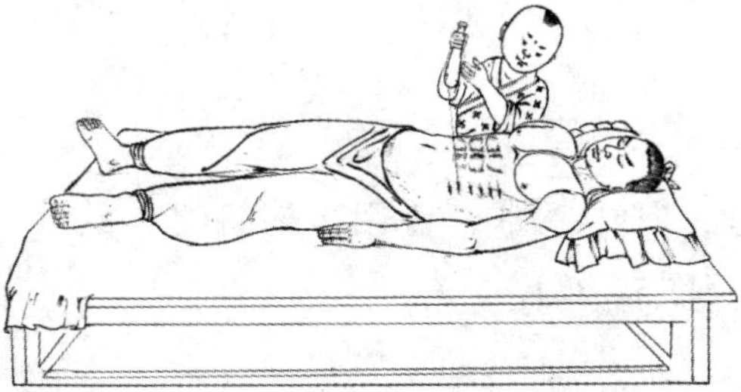

图5-7

又，于其两旁，至两肋梢，各开一掌，如法揉之。（图5-8）

亦唯二香，日行三次。

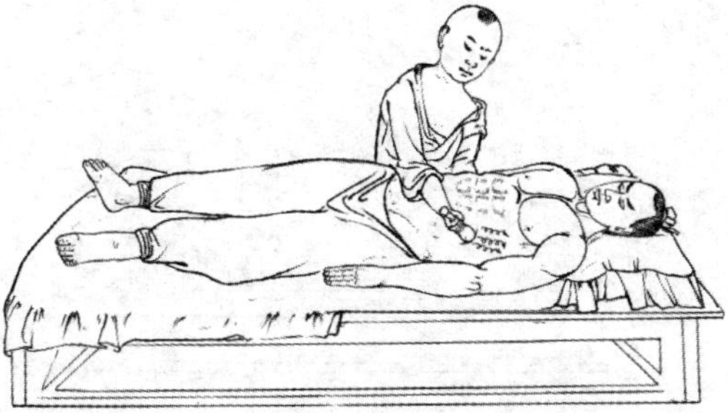

图5-8

十、四月行功法

【秘谱】

功满三月，其中三掌，皆用木槌打之；其外二掌，先捣后打。（图5-9、图5-10）

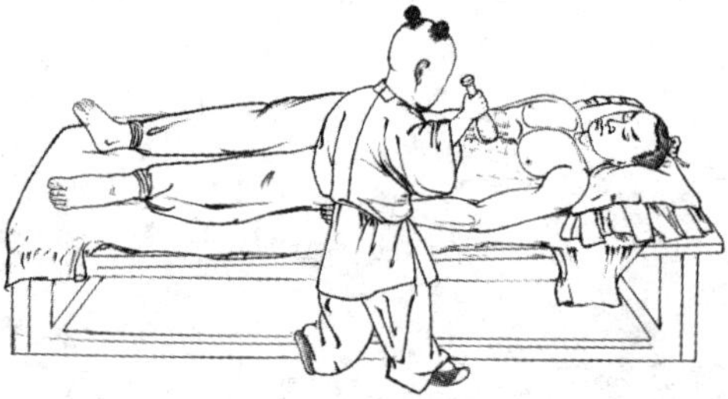

图5-9

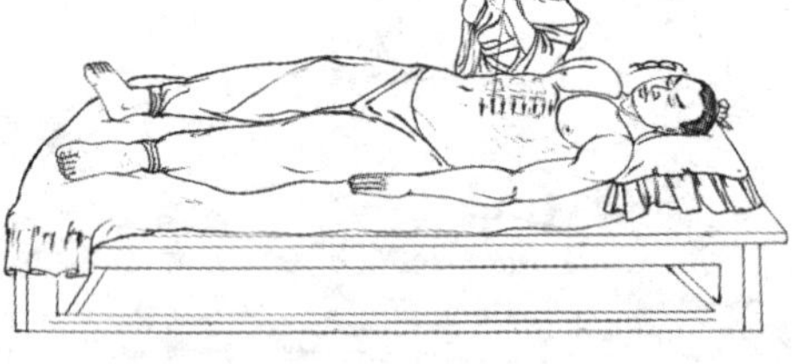

图5-10

日行三次，俱唯二香。

功逾百日，则气满筋坚，膜亦腾起，是为有验。

十一、行功轻重法

【秘谱】

初行功时，以轻为主。尤宜童子，其力平也。

一月之后，其气渐坚，须用有力者，渐渐加重，乃是合宜。切勿太重，或致动火；切勿游移，或致伤皮。慎之！慎之！

十二、行功浅深法

【秘谱】

初行功用揉，取其浅也。此渐加力，是因气坚，而增其重，仍是浅也。次功用捣，取其深也。再次用之打，打外属浅，捣内属深。内外皆坚，方有得。

十三、两肋分内外功夫

【秘谱】

功逾百日，气已盈满，天地之间，充塞周遍，譬之涧水拍岸浮堤，稍加决导，则奔放之地，无处不到，不复在涧矣。当此时，切勿用意引入四肢，所揉之外，勿轻用槌杵捣打。略有引导，则入四肢，即成外勇，不复归来，不成内壮矣。

入内之法：

乃用石袋，自从心口至两肋梢，骨肉之间，密密捣之。（图5-11）

兼用揉法。（图5-12）

并用打法。（图5-13）

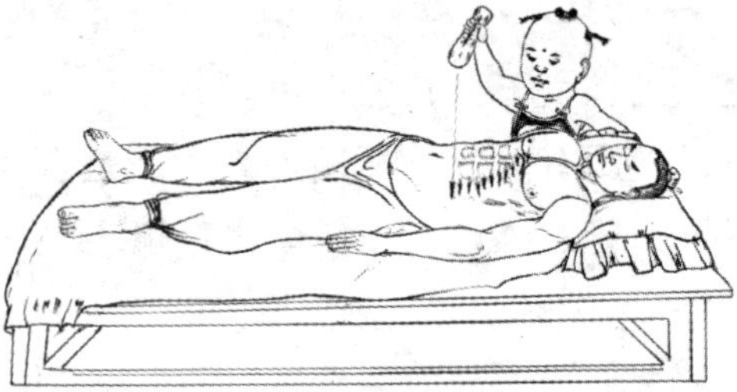

图5-11

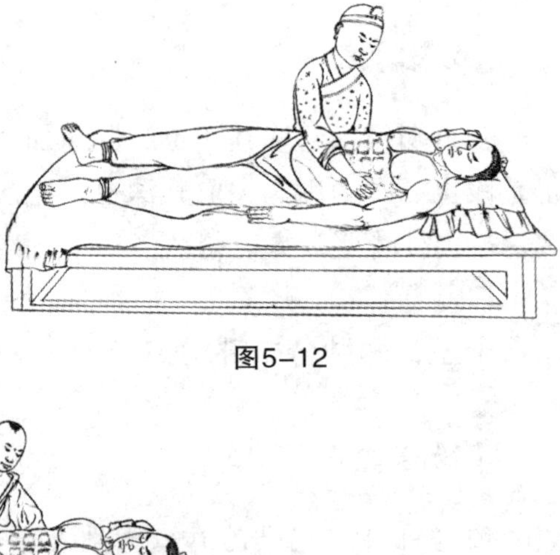

图5-12

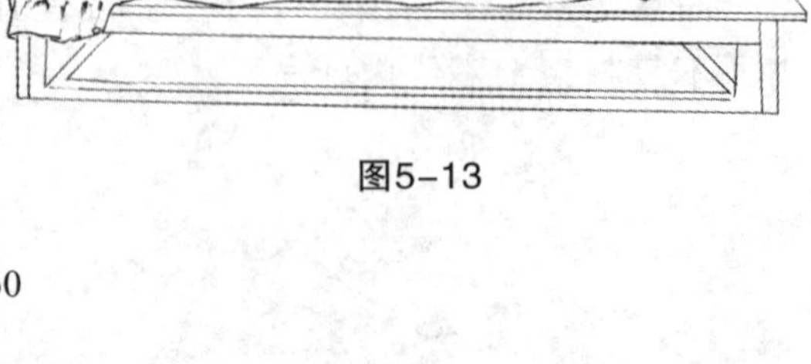

图5-13

如是久之，则其所积充周之气，循循入骨，入骨有路，则不旁溢，始成内壮也。

内外两歧，于此分界，极宜审辨，不令中间稍有夹杂。若轻用引弓弩、拳敲打等势，一开其路，即趋于外，纵加多功，亦不入内矣。慎之！慎之！

十四、木杵木槌势

【秘谱】

木槌、木杵，皆用坚木为之，其最降香；其文楠、紫檀、花梨、白檀、铁梨，皆堪制用。

杵顶圆而微尖，即为合势。槌把细、顶粗。其粗之中处，略高少许，取其高处着肉，而其两头稍有间空，是为合势。

十五、石袋势

【秘谱】

木槌、木杵，用于肉处；骨缝之间，悉宜石袋。

石取圆洁，令无棱角，大如葡萄，小如榴子。生于水中者佳。山中者燥，燥能动火；土中者，郁气不宣畅，皆不宜选。棱角尖硬，虑伤筋骨，皆不取也。

袋用细布缝作圆筒，如木杵形，圆其头，长约八寸，其次六寸，其次五寸。石用八两，其大一斤，其最大者二十两，分置袋中。

以指扣之，挨此扑打，久久骨缝之膜，皆坚壮也。（图5-14）

图5-14

十六、五至八月行功法

【秘谱】

功逾百日，心下两旁至肋之梢，已用石袋打，而且揉矣。此处乃骨缝之交，内壮、外壮于此分界。

即于此时，不向外引，则其积气，向骨缝中行矣。气循打处，逐路而行，则自心口打至于颈；又自肋梢打至于肩。周而复始，不可倒行。

日行三次，其则六香，勿得间断。如是百日，则气充满前怀，任脉充满矣。

十七、九至十二月行功法

【秘谱】

功至二百日，前怀气满，任脉充盛，宜运入脊后，以充督脉。

从前之气，已上肩、颈。今自肩、颈，照前打法，兼用揉法，上行至枕，中至夹脊，下至尾闾，处处打之。周而复始，不可倒行。

脊旁软处，以掌揉之；或用槌杵，随便捣打。

日唯六香，共行三次。或上或下，或左或右，揉打周遍，用手遍搓。

如此百日，气满齐，后能无病，督脉充满。

凡打一次，用手遍搓，令其均润，无滞无碍。

十八、百日禁忌

【秘谱】

此功以积气为主，而精神随之。勿多近内。初百日内，全宜禁之！

百日功毕，然后可进内。以后慎加保护，作壮之本，万勿浪用，珍之珍之！

若功成气坚，收放在我，顺施则人，逆施则神，非凡宝可论价值也。

十九、内壮神勇

【秘谱】

壮有内、外，前唯言其分量，尚未究竟，此再明之。

自胁肋揉打之功，气入骨分，至令任督二脉气充遍满，前后交接矣。尚未见力，何以言勇？盖以气未到手也。

法用石袋，照前打之，先从右肩前打，依次打至右手中指之背；又从肩前打至大指、食指之背；又从肩后打至无名指、小指之背；又从肩里打至掌内大指、食指之梢；又从肩外打至掌内中指、无名指、小指之梢。

打毕，用手处处搓揉，令其匀和。日限六香，分行三次，时常荡洗，以疏气血。功满百日，其气始透，乃行左手，仍准前法，功亦百日。

至此，则骨中生出神力。久久加功，其臂、腕、指、掌迥异寻常，以意努之，硬如铁石。并其指，可贯牛腹；侧其掌，可断牛头；擎其拳，可碎虎脑。（图5–15）

图5–15

二十、练手余功

【秘谱】

练手之际，用功之后，常以药水频频荡洗。初温后热，最后大热；自掌至腕，皆令周遍。

荡毕勿拭，即乘热摆撒其掌，以至自干。摆撒之际，以意努气，至于指梢，是生力法。

又以黑、绿二豆，拌置斗中，以手插豆，不计遍数。一取荡洗，和其血气；一取二豆，能解火毒；一取磨砺，坚其筋骨，厚其皮肤。如此功久，则从前所积之气，行至于手，而力充矣。其皮内筋膜与骨相着，而不软动，混元一体。如不用之时，与常人无异；用时任意一努，则坚如铁石，以之击挞，则人不能当。盖此力自骨中生出，与世俗所云外壮，迥不相同。

内外之分，看筋可辨：内壮者，其筋畅，其皮细腻，而力极重；若外壮者，其粗老，其掌与腕处之筋悉皆蟠结，状如蚯蚓，浮于皮外，而其力虽多，惜无基矣。此内外之辨也。

二十一、外壮神勇八段锦

【秘谱】

内壮既熟，骨力坚凝，然后可引达于外，盖以其根在于内。

由内达外之功，概以八法：曰提、曰举、曰推、曰拉、曰揪、曰按、曰抓、曰拧。

依此八法，努气行之，各行一遍，周而复始，不计遍数。亦唯六香，日行三次。久久成功，则力充于周身矣。

用时，照法取力，无不响应，骇人听闻！古所谓手托城闸，力抗举鼎，拽舟于陆，挟舟而走，植氅于风，窃舟于壑，手格猛虎，俱非异事。（图5–16）

其八法，若逐字单行，以次相及，更为专精，任从其便。

图5–16

二十二、神勇余功

【秘谱】

内外两全，益称神勇。其功毕矣，以后常宜演练，勿轻放逸。

一择园林诸树之中，大且茂者，是得其本，取土、木相旺之意，与众殊也。暇时，即便至树所，任意行功，或槌，或托，或推，或拉、踢、拨，诸般技艺，任意为之。盖取其精气，又取努以生力，又取不假人功也。

一择山野挺立大石，秀润完好，殊于众者。时就其旁，亦行推、按种种字法，时常演之。盖木石实为天地之精英，金石之美润，实禀山川之灵秀，我能取之，是为有用。稽古大舜，与木石居，非漫然也。

二十三、四戒论

【秘谱】

1. 戒色

行功之时，须振刷精神，保养身体。若溺情女，漏泄元阳，则筋骨疲软，心力懒惰，而不继其功，其身之壮健难矣。故戒之在色。

2. 戒轻

稍有功效，每技痒，须郑重手足，勿与人戏。恐在我失之不学，在人受之吃亏，每以玩耍而伤情失面，甚至酿成灾祸。故戒之在轻。

3. 戒贱

成功之后，须自贵自重，如良贾之深藏。苟群处之时，便卖长夸奇，开胸袒腹，与人交手则自贱，孰甚焉？故戒之在贱。

4. 戒斗

劲之功深，须温柔涵养，和气忍耐。若恃其勇力，一言不合，即怀忿怒，振臂出拳，则功之为道，本以御难保身，反致招灾惹祸矣。故戒之在斗。

四戒俱为切要，而戒斗尤为习劲之要。所以，善始而善终，学者慎勿忽也！

二十四、末论

【秘谱】

此法不练不成，一练即有成，小练小成，大练大成，久练久成，永无退功。敝人世利益，孰能及此，或问行功之要，曰勇、智、仁；又曰信、端、恒而已矣。

叹世人之学易筋经者，多如牛毛；成者，稀如麟角，非事之难成，或作或辍，或中道而止，或得而复失，或优游不断，职此故也。

闻，嘉庆年间，内府教师楮公，年近古稀，貌若少年，身如铁石，臂力千斤，驾五马之大车，一手握其轸，则车不能前；略后，则牲口倒退；或前推，则一驹扑倒；或举辕，则两轮离地。面不红，气不喘，嘻笑自若，是易筋之功也。

又，闽东俞文海，亦善此法，角艺擅气，爽如奔马，大刀、大石几石，强功舞举，博弈如戏，亦此之力。

凡行此功者，勇冠古今，身享遐龄，效验若此。

第六章

嵩山达摩嫡派易筋经十二身图说

据传，菩提达摩面谒梁武帝，相谈不契，便一苇渡江，北上嵩山，面壁九年，后只履西归。

达摩徒慧可，在修葺达摩洞时，于石壁间得一铁函，内藏达摩遗卷《易筋经》。经文乃梵文，天竺僧般剌密谛将其译成汉文，传学少林。

易筋经之历代僧俗大师们，不但自己刻苦修炼，功力超人，而且阐精发微，著书立说，对易筋经的传承与发展起到了各自独特的作用。

时至清代光绪年，嵩山达摩嫡派空悟大师将《增益易筋洗髓内功图说》之秘本传于周述官，周徒张瑶于中华民国十九年公开出版《增演易筋洗髓内功图说》。本章即节选张瑶石印本之"易筋经十二身"，谨供读者鉴赏。

【周序】

余生而体弱，长失调养。十岁前饮食不节，尝患疫寒积滞等症。十岁后沉酒于酒，多生疮痍。至十九岁，又为洋烟困行。年三十，体愈羸，病日臻。

动则惊怖，行则怔忡，风热燥湿，坐不安席，寒暑昼夜，时在病乡，体则奄奄一息，热又时时上蒸，攻散、和解、温补、清凉无术可施，十余年来苦状难述。虽历经良医调治，先去邪，后扶正，症对方投，不无小效，而畏风怯寒，气短神衰，服姜、桂、参、茸近十年，元终难复壮年，几与髦年无异。清夜自思计，唯坐以待毙矣。

然窃念生寄死归，寿夭何惜。独是混世四十年，毫无善状，负疚孔多，志未竟者几何，分未尽者又几何。所负天地父母之生成，君亲师长之教育，友朋妻孥之属望，圣贤先儒之陶镕，更仆难数。退思补过，可奈时不及待，何自怨自奋，亦徒仰屋兴叹耳。

幸于辛卯春，宴古渝之至善堂，遇松山陈老，师少林神功也。劝以其功疗之，尽传心授。于是顿起禅心，有因必访。又于成都道院得《内功图说》一册，简摩日久，稍有所得，遵图行之，体觉舒畅。至是求道益切。

癸巳秋闱，复赴省应试。于资阳通慧寺中，忽遇静一空悟老师，睹法相，心知其异。一路探讨真谛，随驾至昭觉不离，竟底蕴。悉师自嵩山少林来，尽得少林术，是达摩嫡派，深通如来《易筋》《洗髓》等经。拜倒求度，师悯其诚，许之。遂执弟子礼而受业于门，口传心授，凡三逾月，尽得此中三昧。

临别授以《增益易筋洗髓内功图说》六卷，卷分上、下，共十二卷。戒之曰："此祖师真谛，非十八家支流可比，毋轻视，行持无间，足证佛因。切忌行至半途，自恃神勇无敌，遂弃上乘功夫，久恋人间勋业事。以吾弟文士，学成后，心有得处，可增演妙谛，以广慈航。万不可视为独得之奇，秘而不宣也。勉之慎之。"

余再拜受册，无日不习。方年余，颇觉病去瘾除，精神一振，体健身强，气力渐增。后效虽不能预，必此功终不敢稍废也。爰叙进道巅末于简端云。

——时大清光绪二十一年乙未孟夏中旬，古渝后学周述官谨序于士隐斋中

【张序】

余方弱冠，患失血，体羸气微，医药罔效。

清光绪乙未春，从周守儒夫子习训诂。夫子以所得于静一空悟大师之正、侧、坐、卧各图，依次授之，数月病愈。

旋即废弃约六年。辛丑，疾复大作。夫子督促复习，未百日，病又愈。

自是或作或辍，虽违师训，未尝日夜练习，然每因劳倦过甚或肠胃积滞，必凝神静气，择要行之。

迩来三十余年，虽年逾知非，其精力尚足以应事，皆由于此。夫子于大师所授各图势外，又复旁搜博引，阐发奥义，名曰《增演易筋洗髓内功图说》，分为十八卷，订为十册，亲书三部，藏于其椟。

丙辰冬，余自酉阳旋渝，夫子已归道山二岁矣。访其书，尚存二部；今夏复访之，则仅存其一。余深惧大道之没，而吾夫子推阐之苦衷亦随之而靡，亟商鉴涵世弟，谋付石印，以广流传。

方今国术昌明，凡讲外壮者，多失内养；谈玄理者，罔识动作。兹编内外兼备，性命双修，诚入道之正宗，由道而佛之捷径，岂区区却病延年所能尽其功效哉。

——中华民国十九年庚午岁秋九月，门人张瑶艺耘敬述

一、正身图说

27势。（图6-1～图6-27）

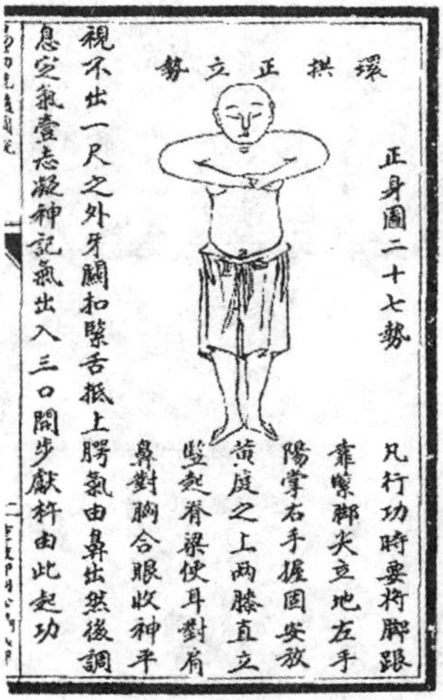

图6-1

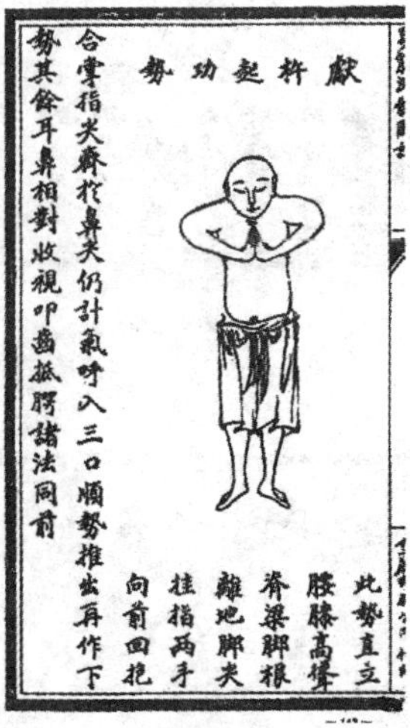

图6-2

图6-3

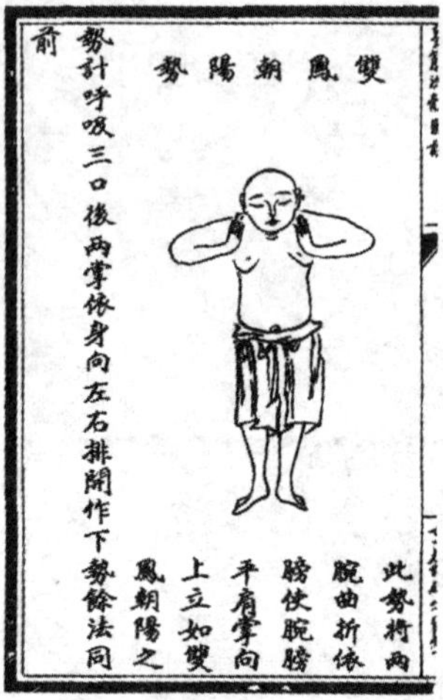

图6-4

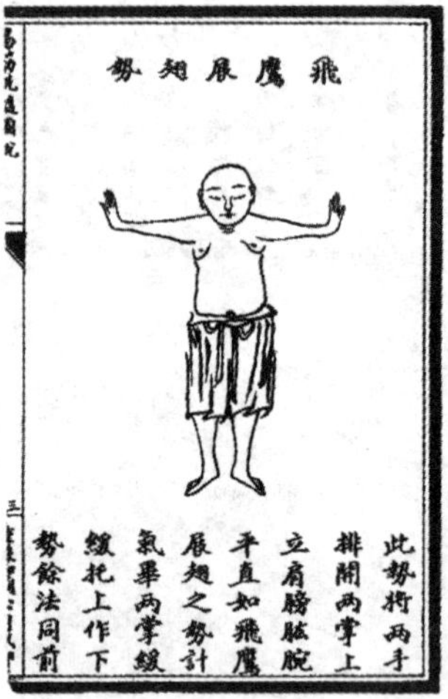

图6-5

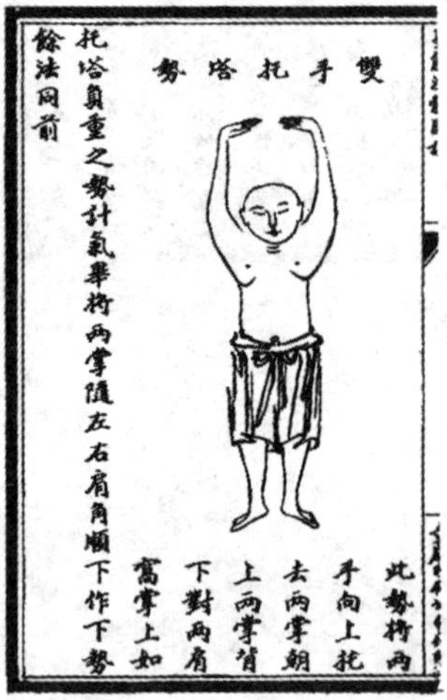

图6-6

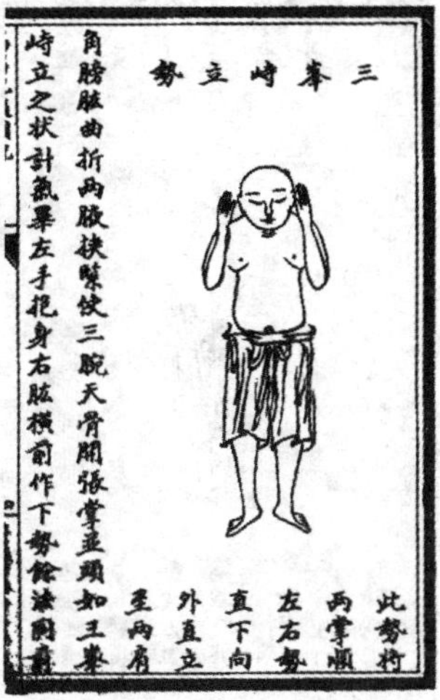

图6-7

图6-8

图6-9

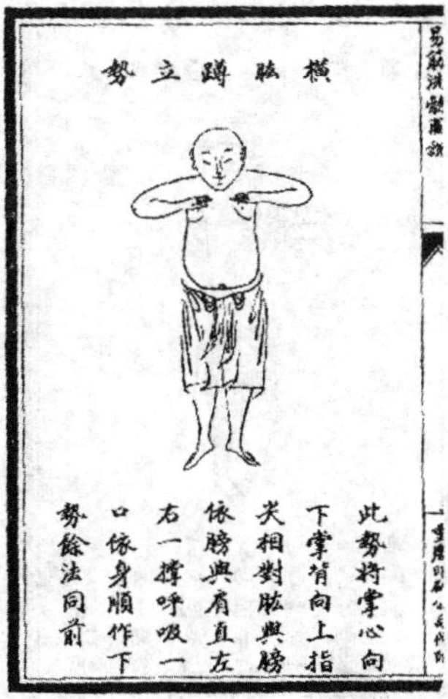

图6-10

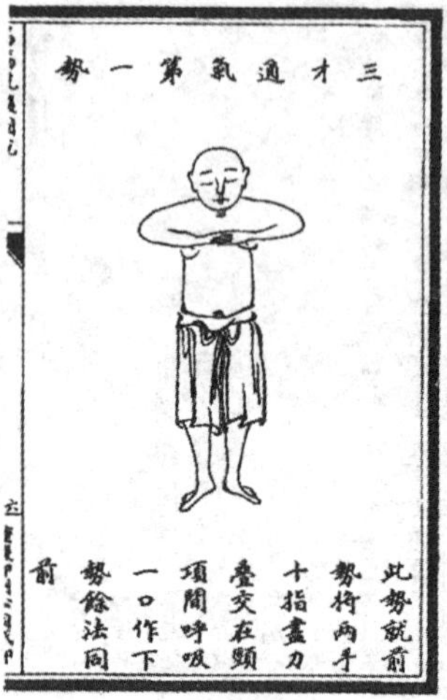

图6-11

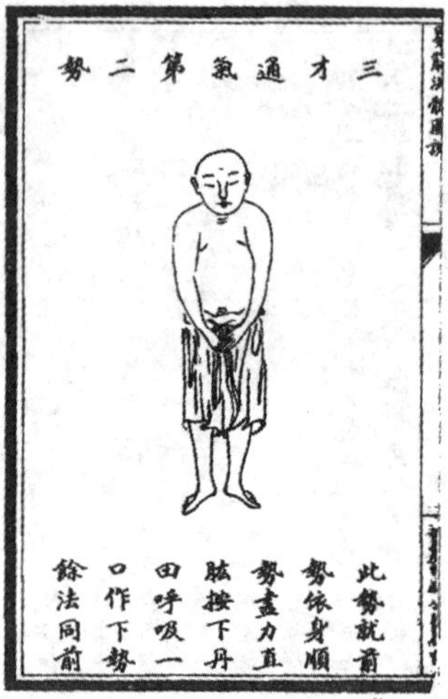

图6-12

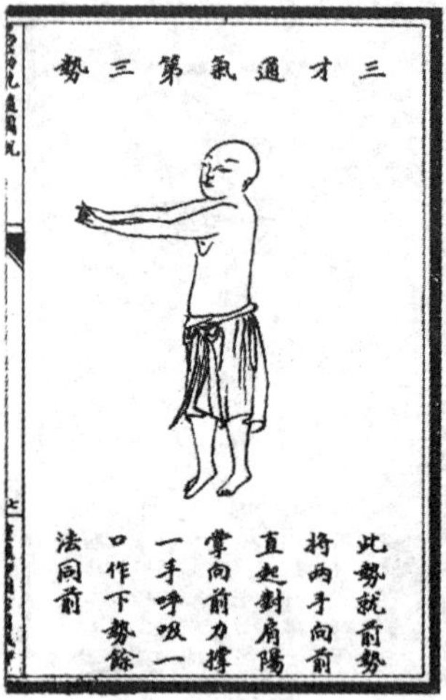

图6-13

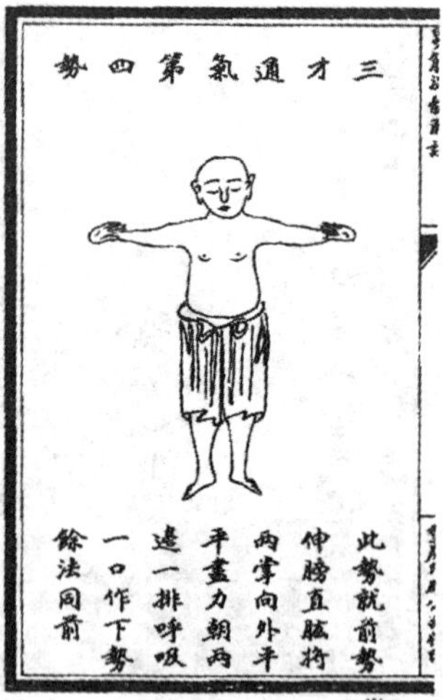

图6-14

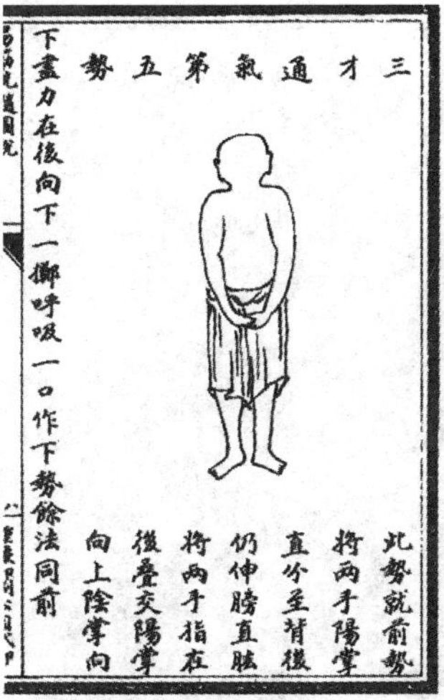

图6–15

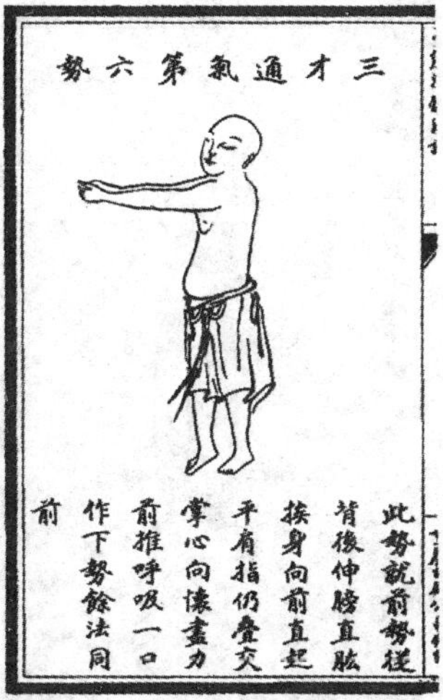

图6–16

图6–17

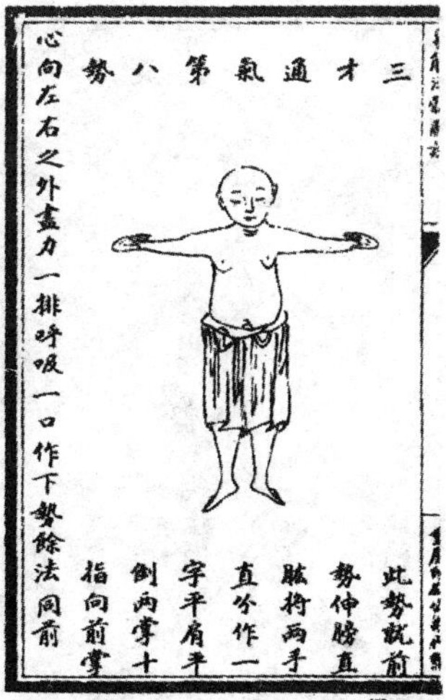

图6–18

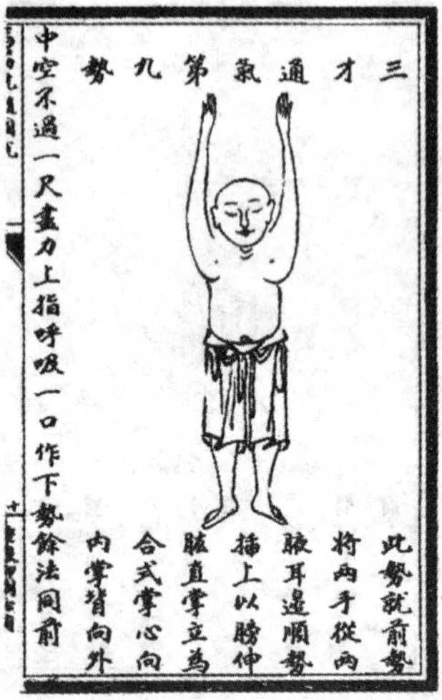

图6-19

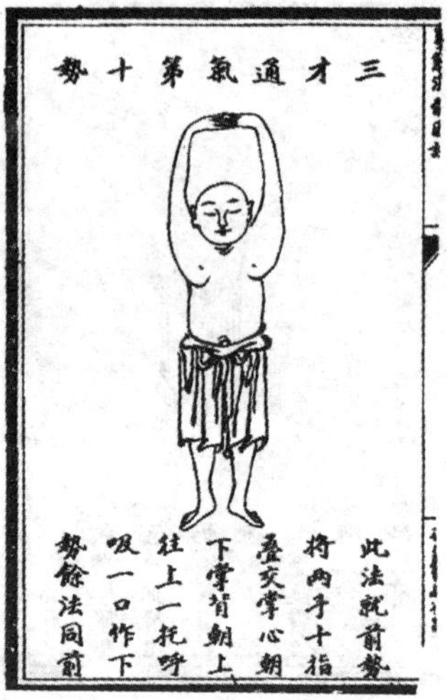

图6-20

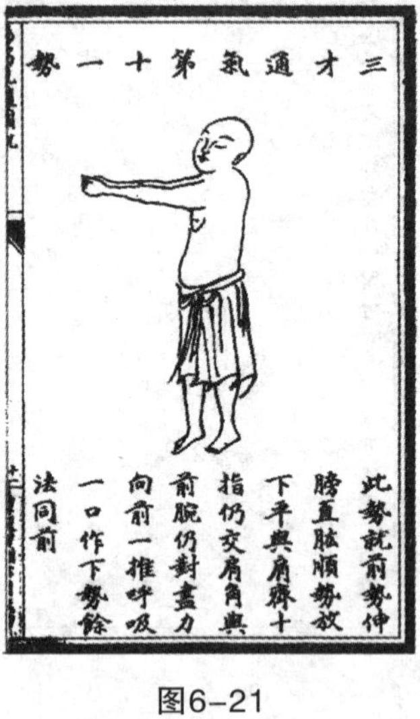

图6-21

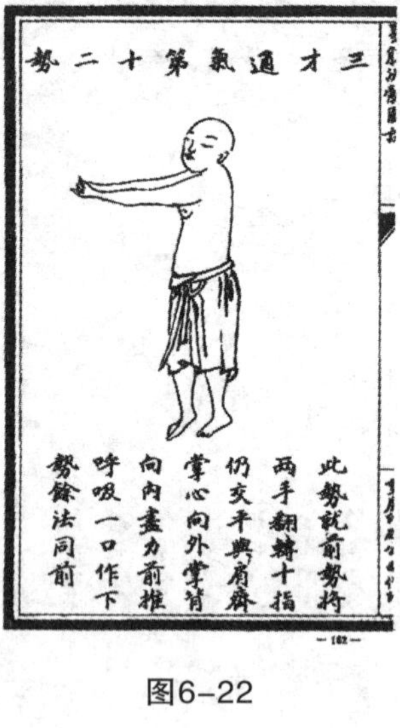

图6-22

图6-23

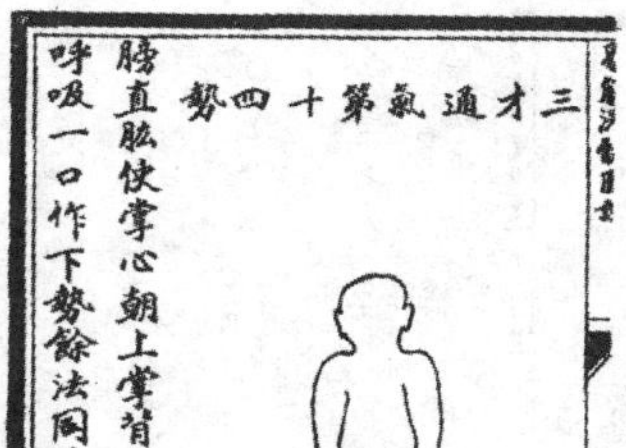

图6-24

右三才通氣十四勢是使三焦通達凡在天庭上地庫下人身中之竅皆當以氣貫之故名三才通氣圖行生此身中上自泥丸下至尾閭中及四肢之關竅穴脈周不節節玲瓏竅竅靈通此正身圖中絶妙法門學道者慎毋忽諸

图6-24附图

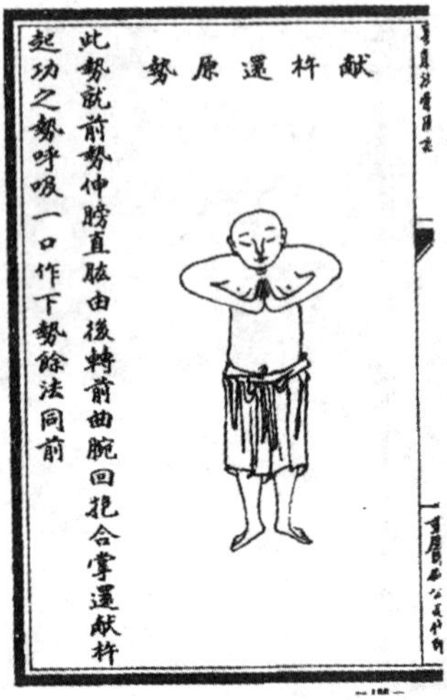

图6-25

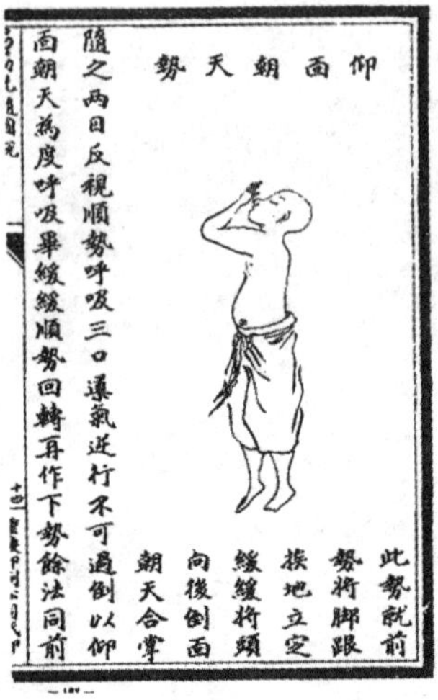

图6-26

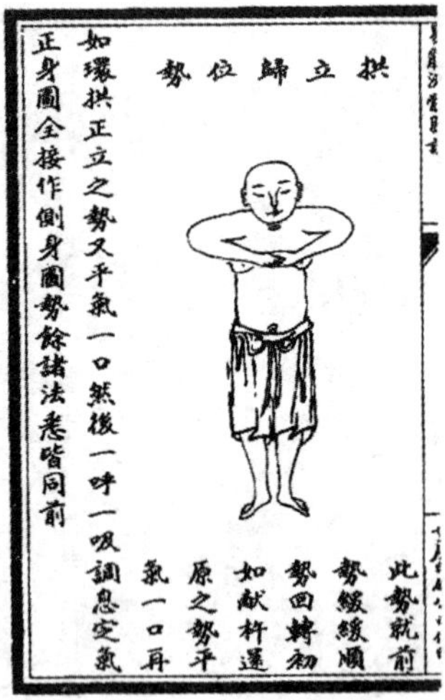

图6-27

二、侧身图说

8势。（图6-28～图6-35）

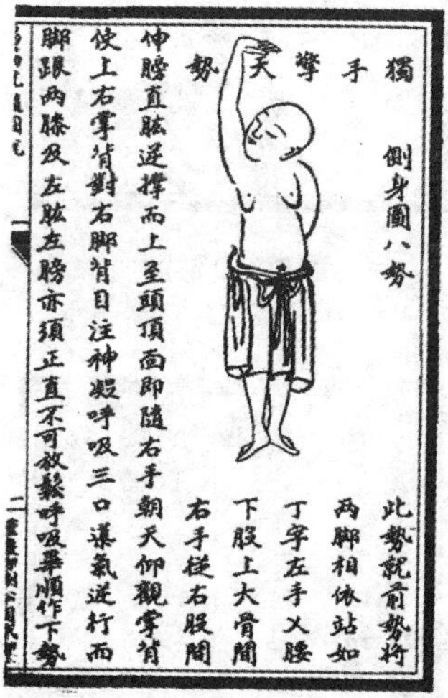

图6-28

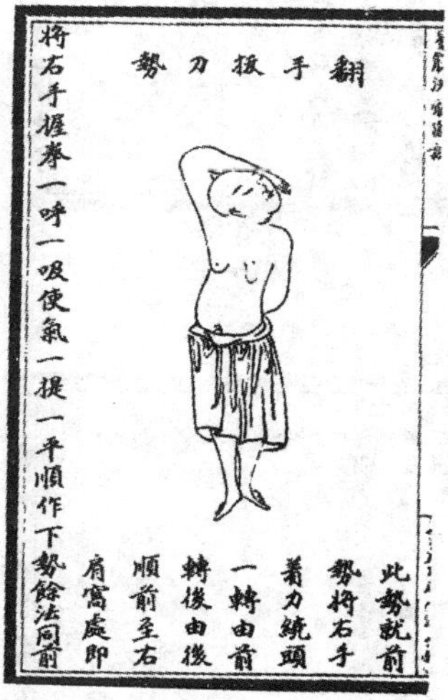

图6-29

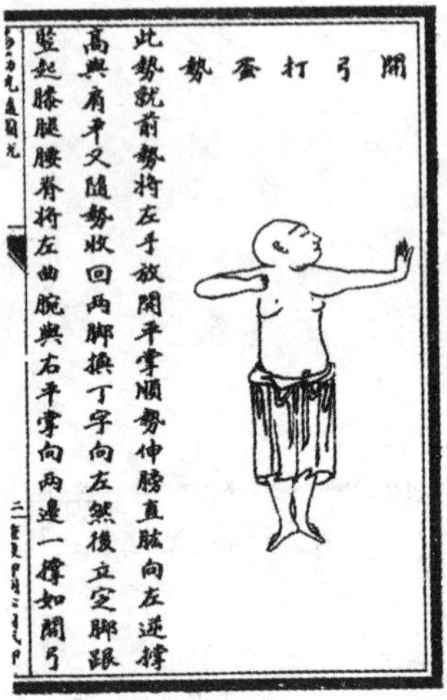
開弓打蛋勢

此勢就前勢將左手放開平掌順勢伸膀直肱向左逆撑高與肩平又隨勢收回兩腳換丁字向左然後立定腳跟竪起膝腿腰脊將左曲腕與右平掌向兩邊一撑如開弓

图6-30

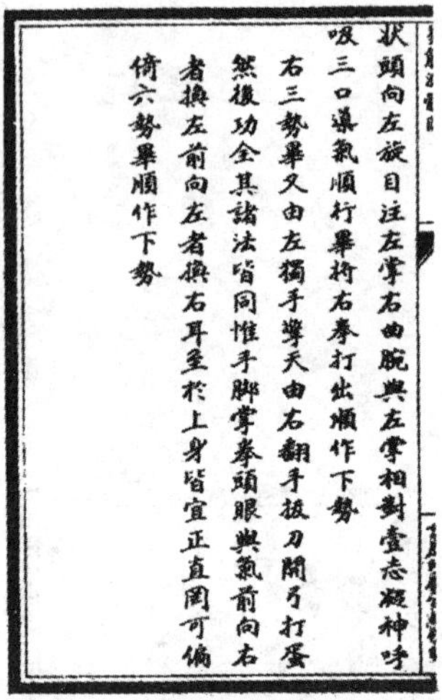
狀頭向左旋目注左掌右曲腕與左掌相對壹志凝神呼吸三口導氣順行畢將右拳打出順作下勢

右三勢畢又由左獨手擎天由右翻手拔刀開弓打蛋然後功全其諸法皆同惟手腳掌拳頭眼與氣前向右者換左前向左者換右耳至於上身皆宜正直罔可偏倚六勢畢順作下勢

图6-30附图

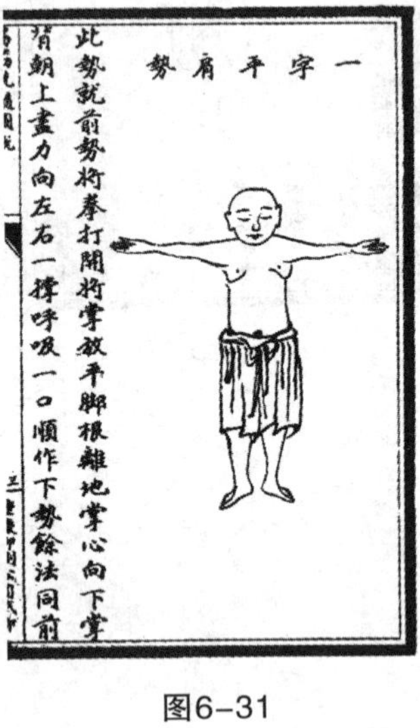
一字平肩勢

此勢就前勢將拳打開將掌放平腳根離地掌心向下掌背朝上盡力向左右一撑呼吸一口順作下勢餘法同前

图6-31

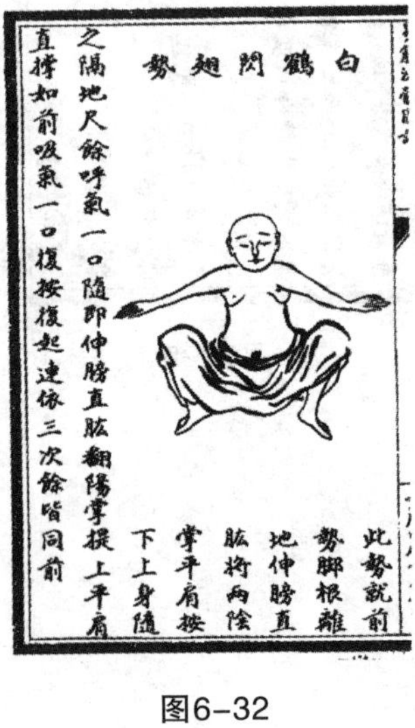
白鶴閃翅勢

此勢就前勢腳根離地伸膀直肱將兩陰掌平肩按下上身隨之隔地尺餘呼氣一口隨即伸膀直肱翻陽掌提上平肩直撑如前吸氣一口復按復起連依三次餘皆同前

图6-32

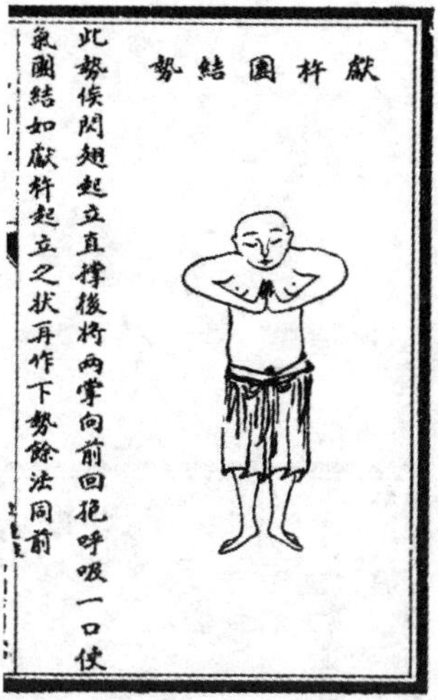

图6-33

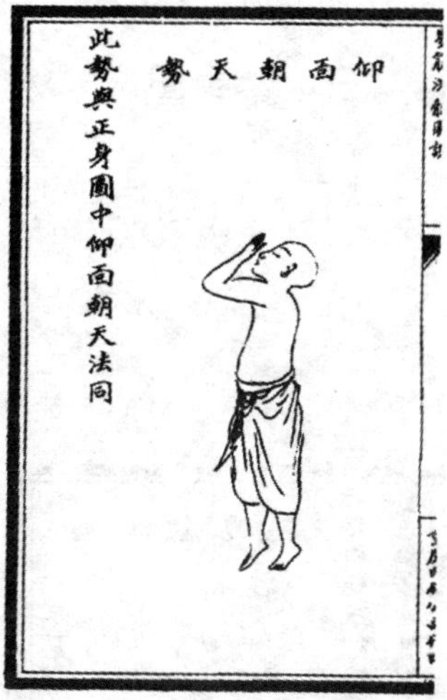

图6-34

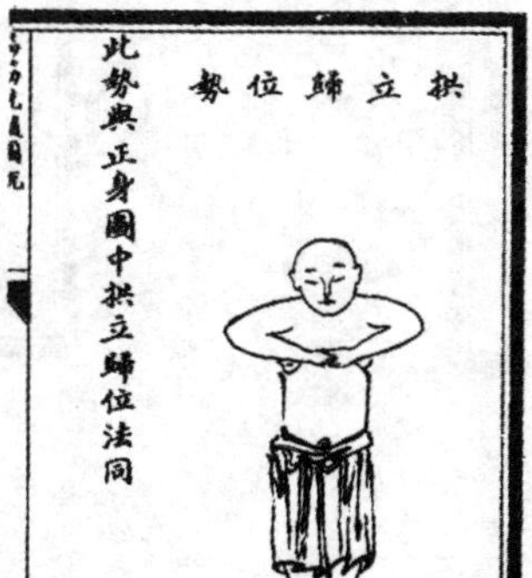

图6-35

三、半身图说

27势。（图6-36～图6-62）

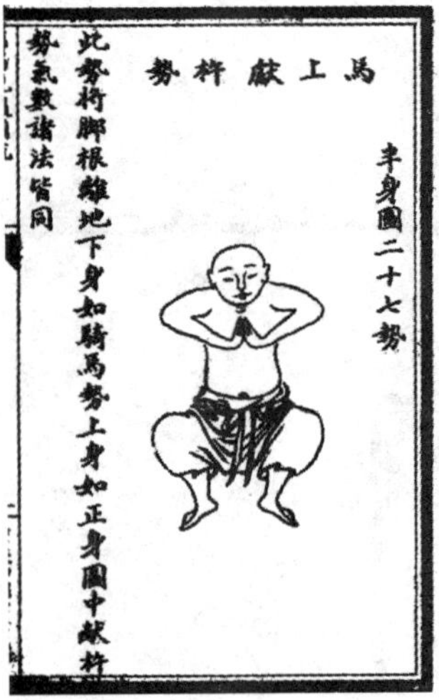

图6-36

图6-37

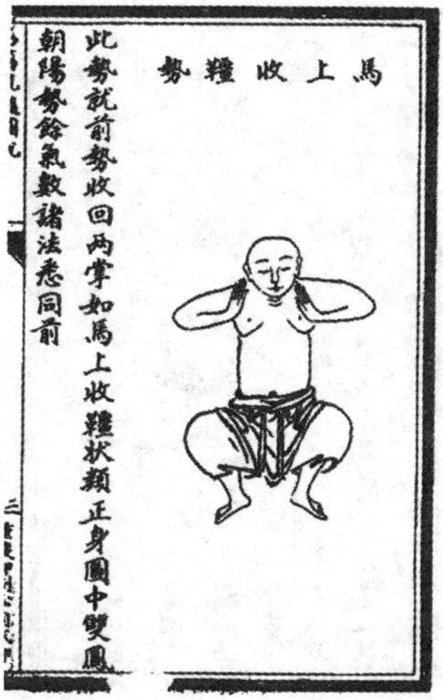

图6–38

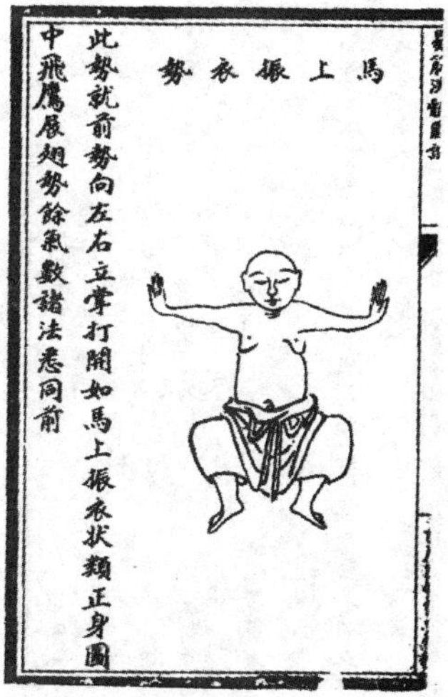

图6–39

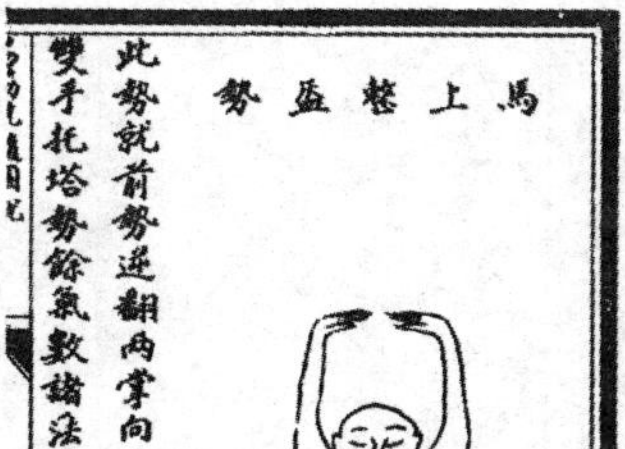

图6–40

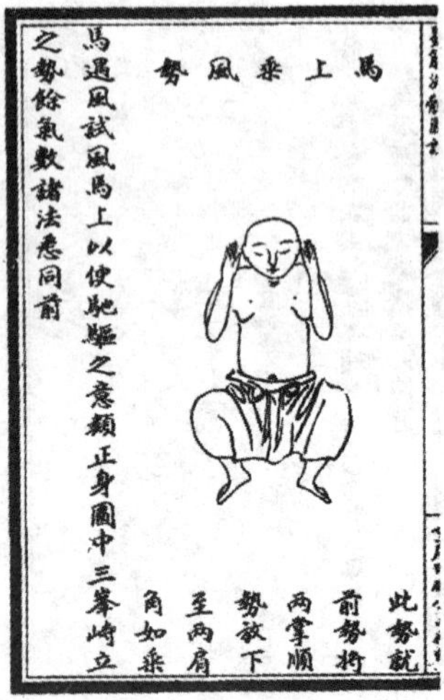

图6-41

图6-42

图6-43

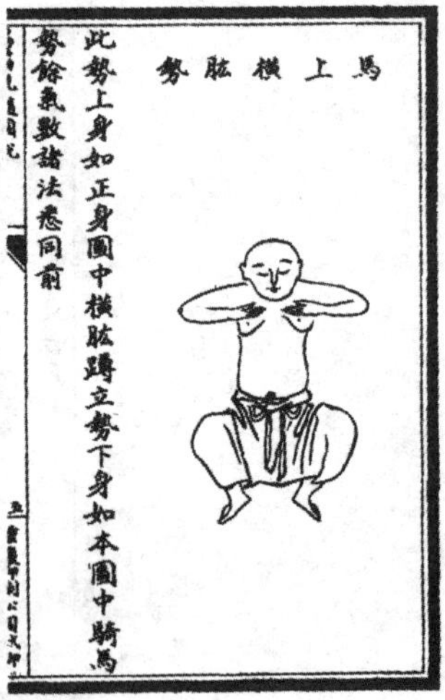

图6-44

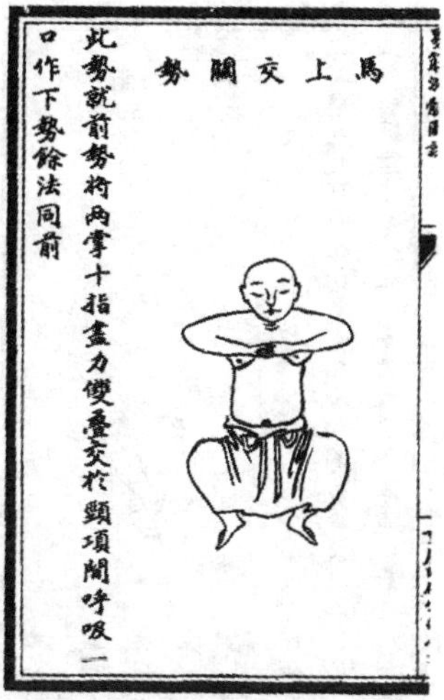

图6-45

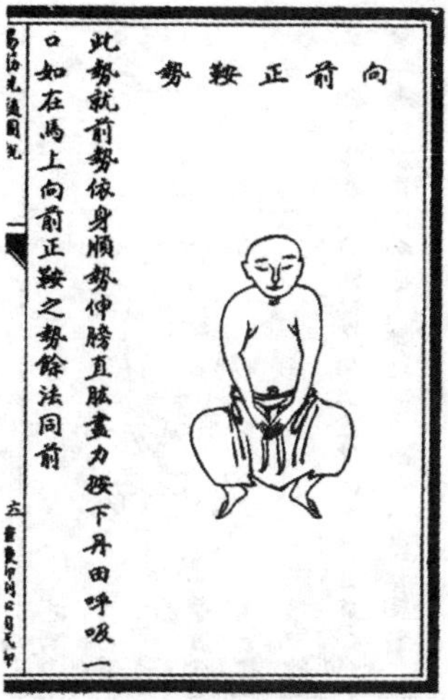

图6-46

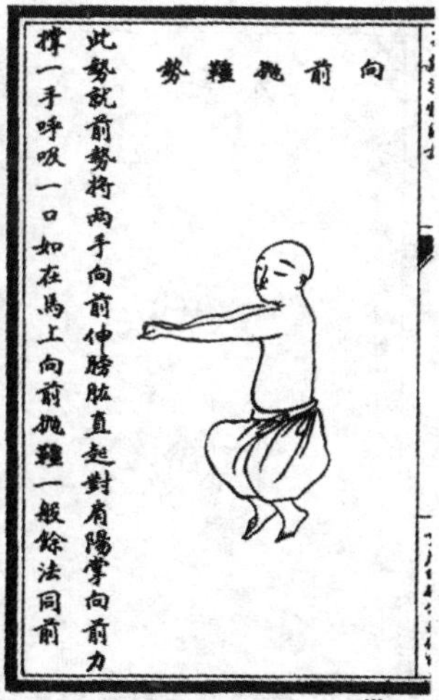

图6-47

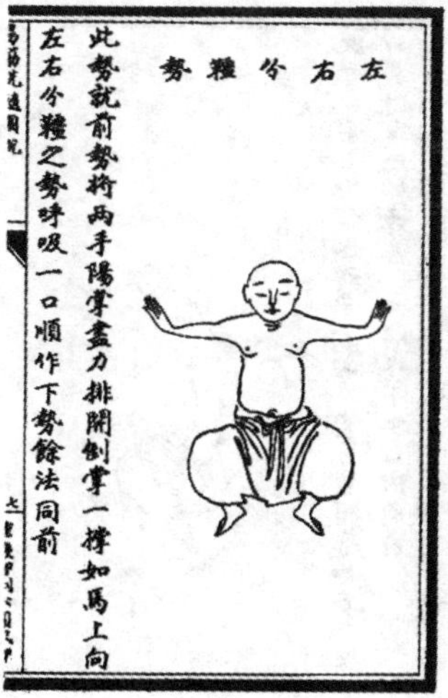

图6-48

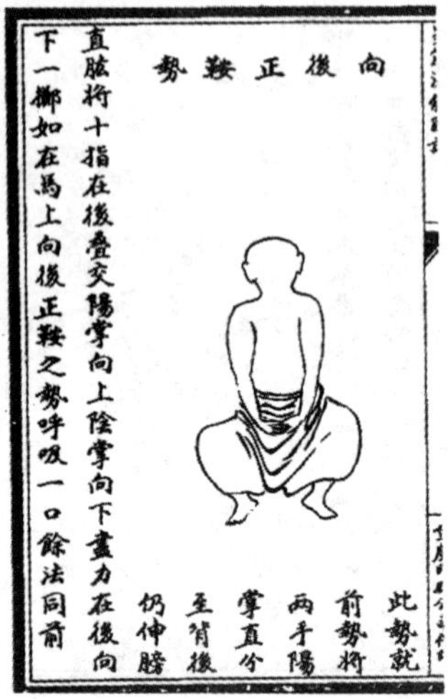

图6–49

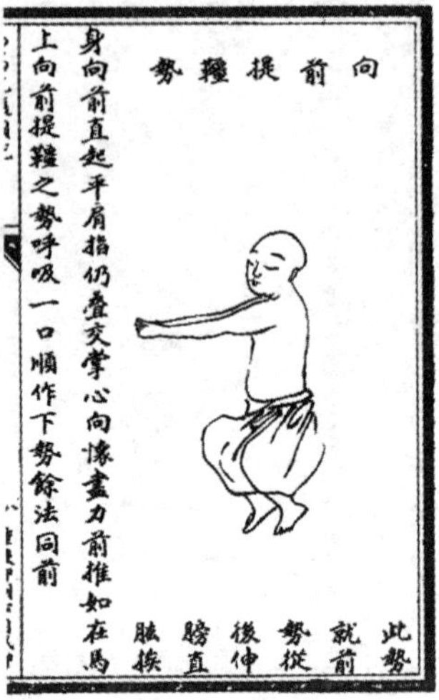

图6–50

图6–51

图6–52

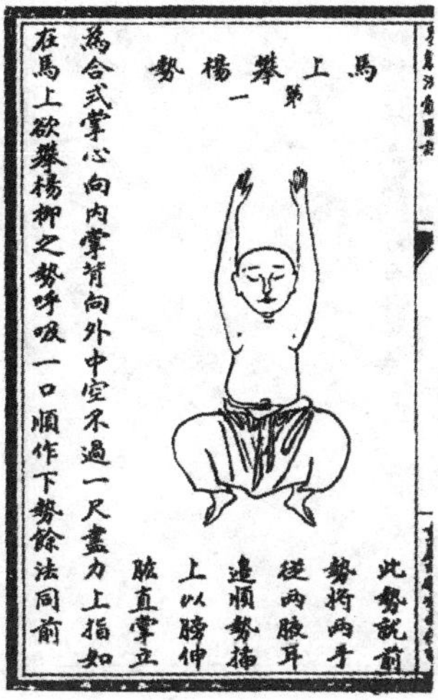

图6-53

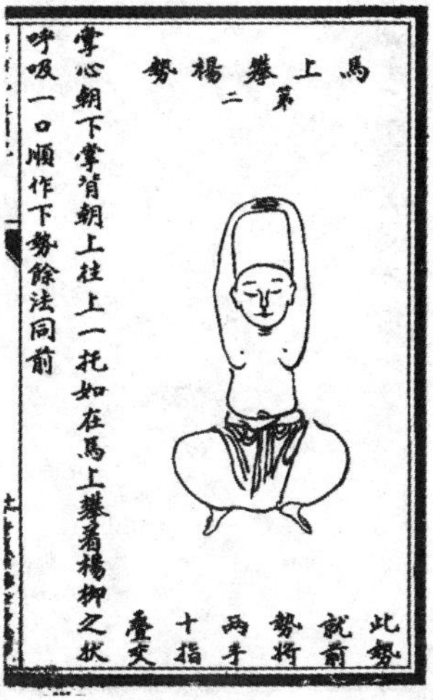

图6-54

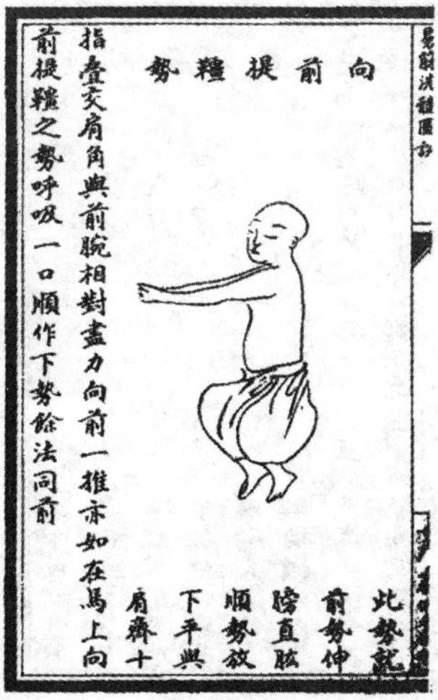

图6-55

图6-56

图6–57

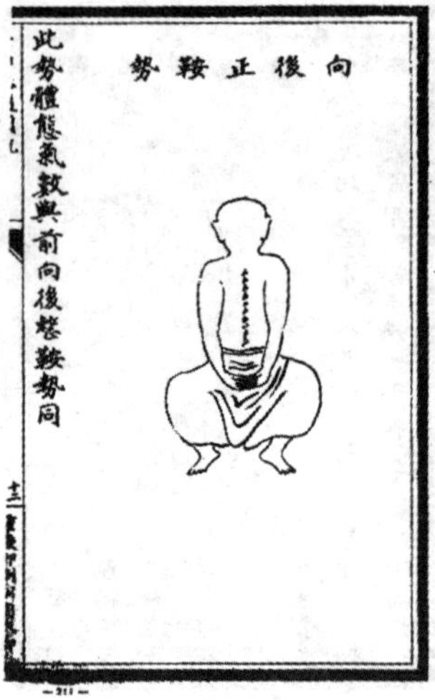

图6–58

图6–59

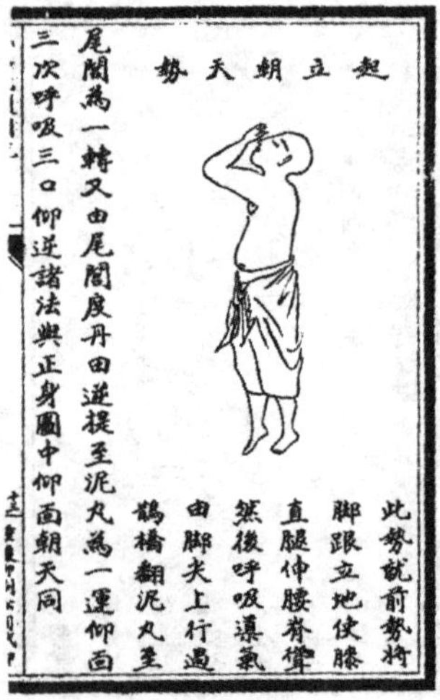

图6–60

图6-61

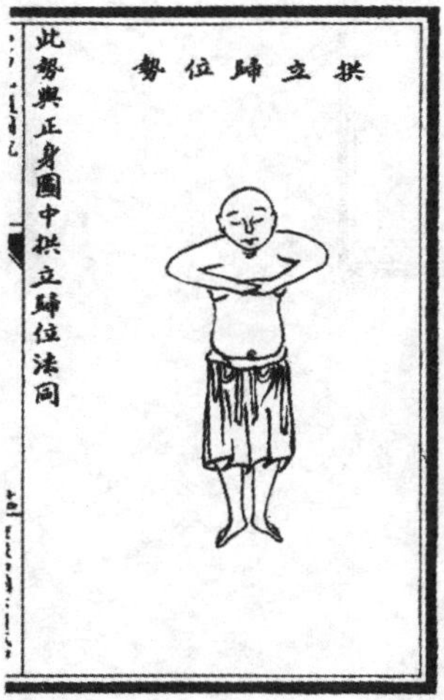

图6-62

四、屈身图说

8势。（图6-63 ~ 图6-70）

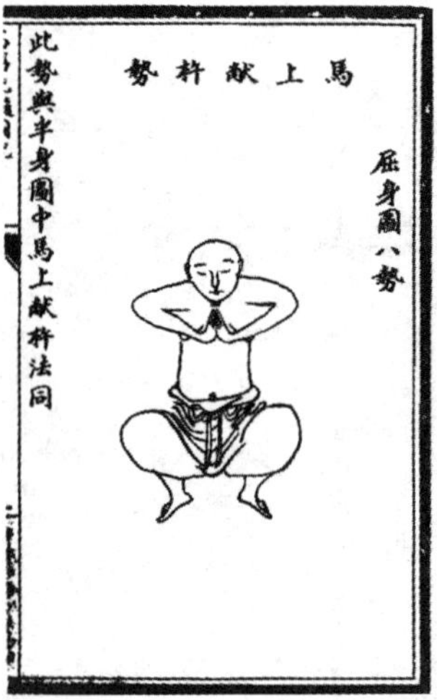

图6-63

图6-64

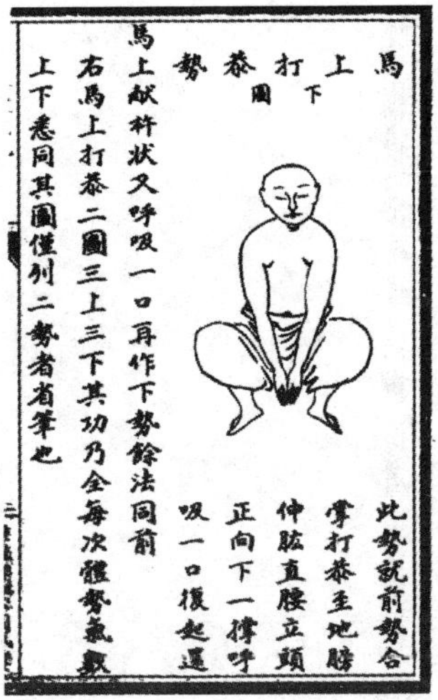

图6-65

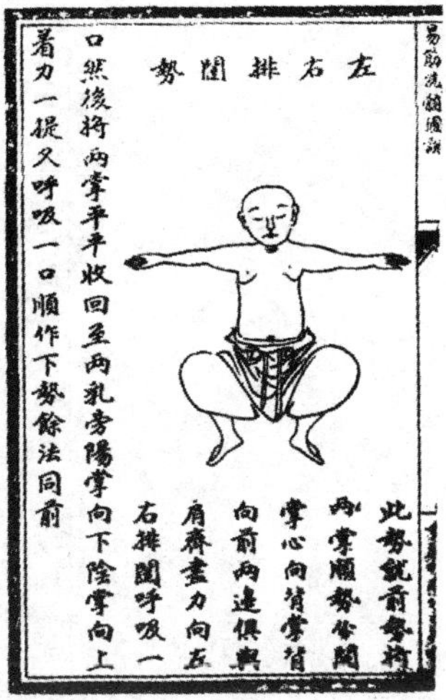

图6-66

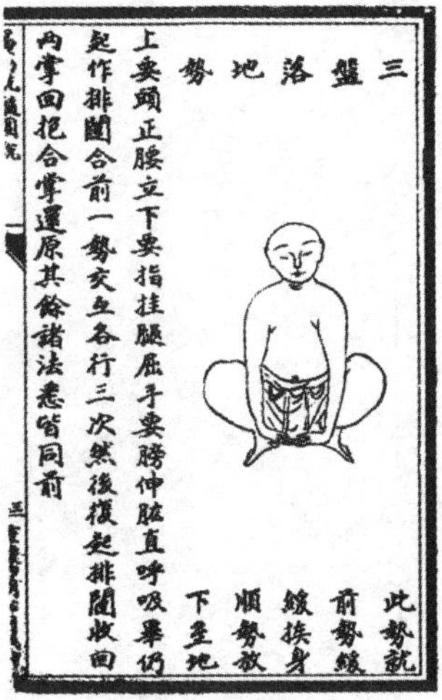

图6-67

图6-68

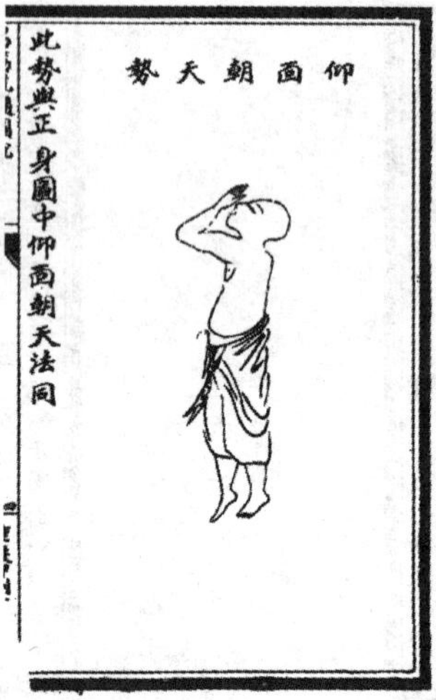

图6-69

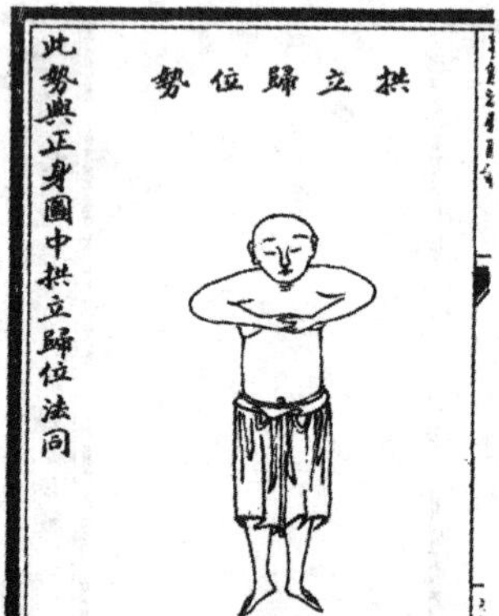

图6-70

五、折身图说

16势。（图6–71 ~ 图6–86）

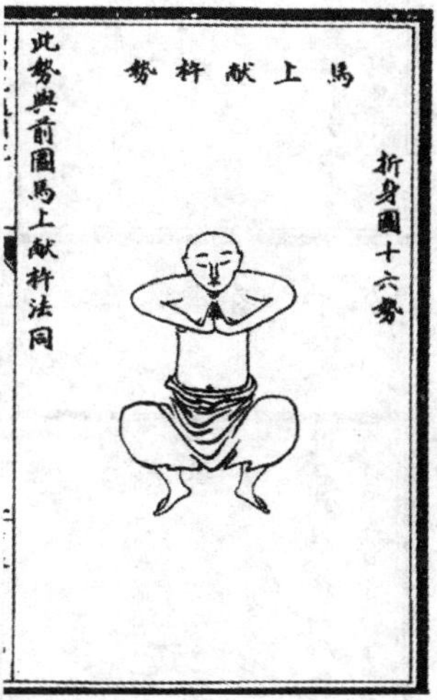

图6–71

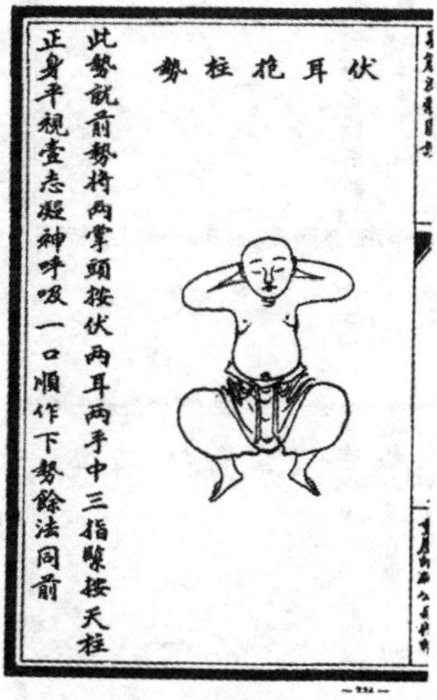

图6–72

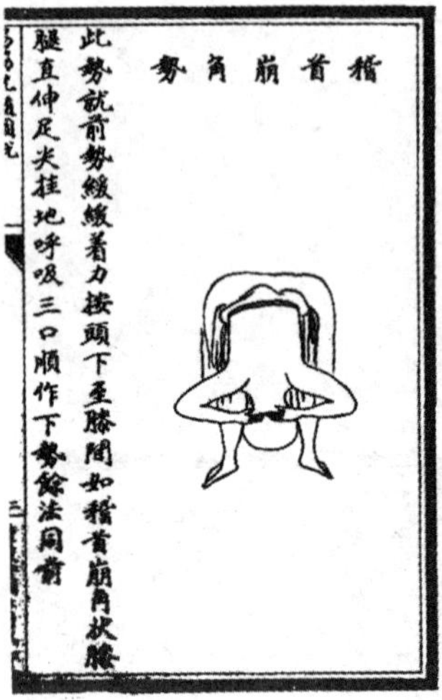

图6–73

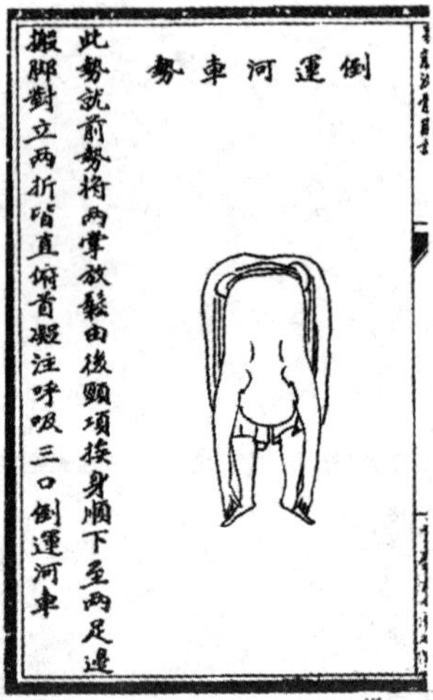

图6–74

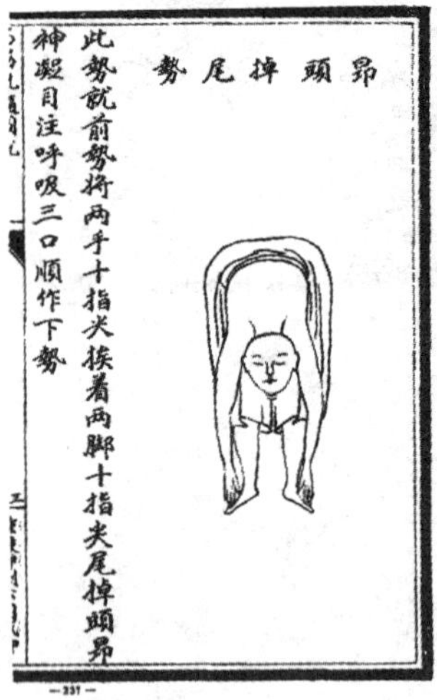

图6–75

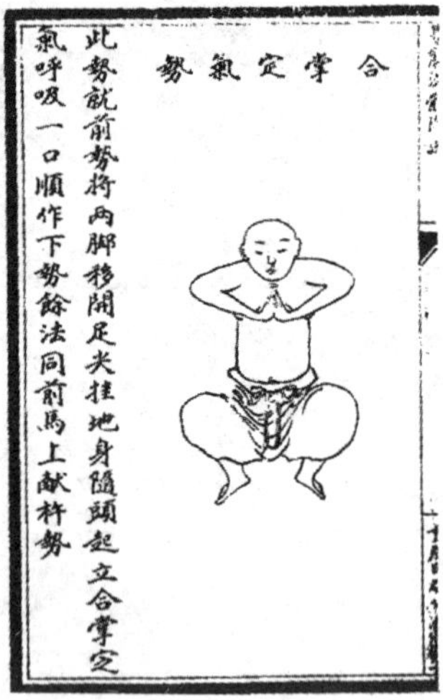

图6–76

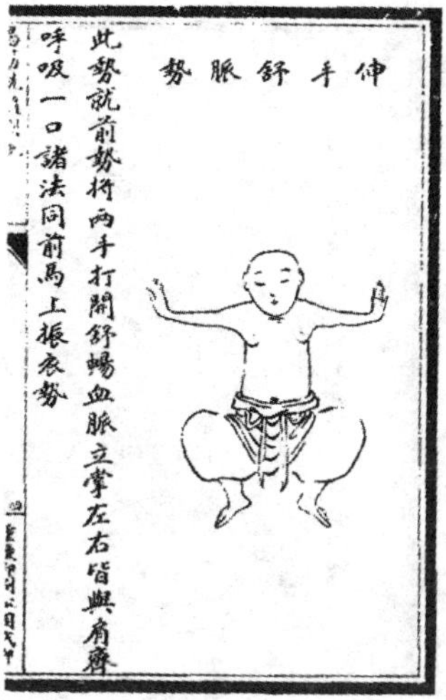

图6–77

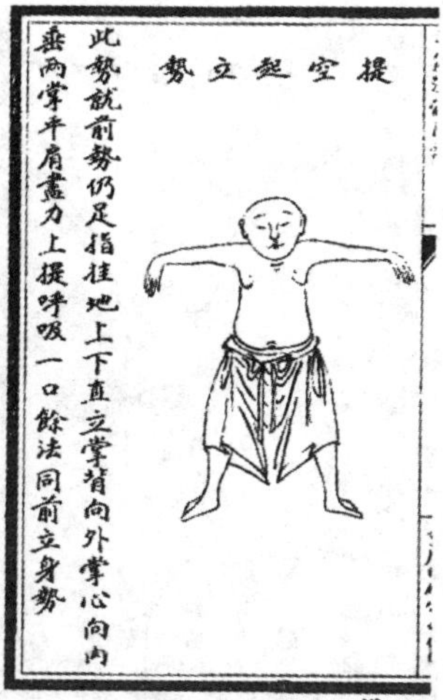

图6–78

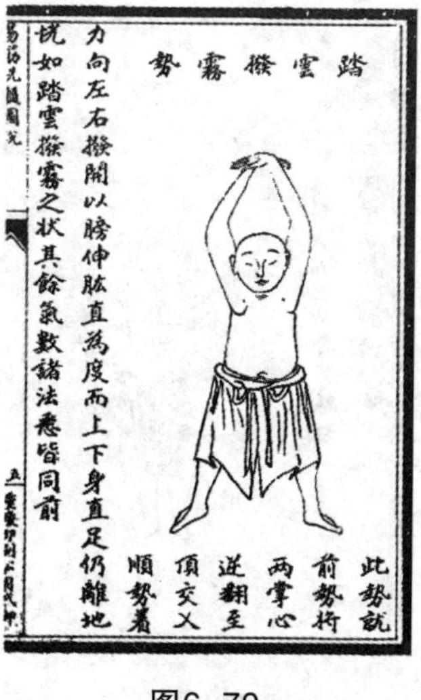

图6–79

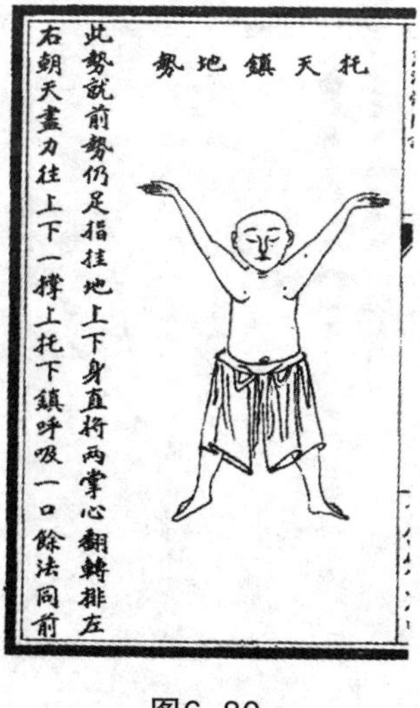

图6–80

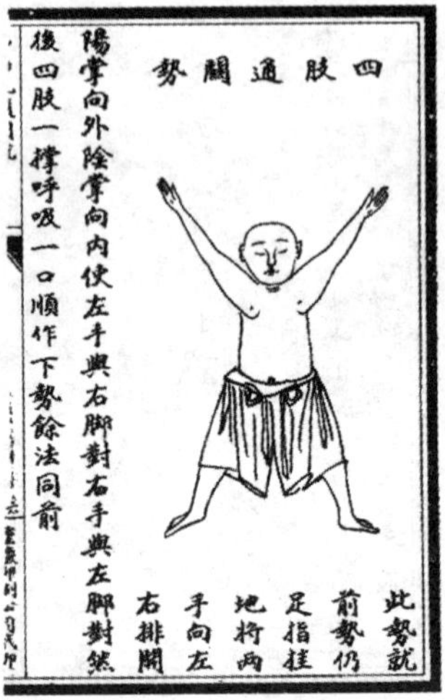

图6-81

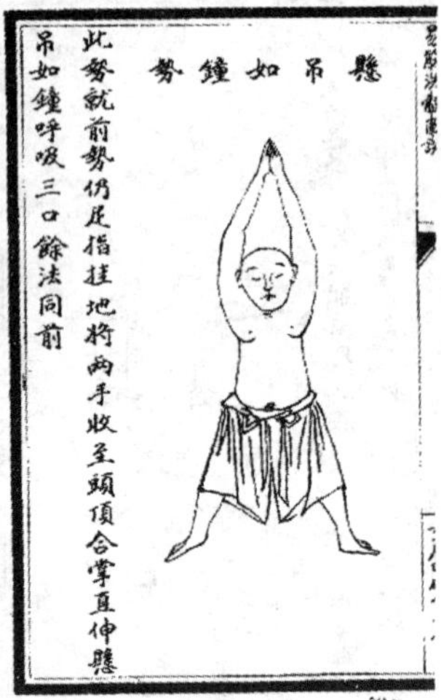

图6-82

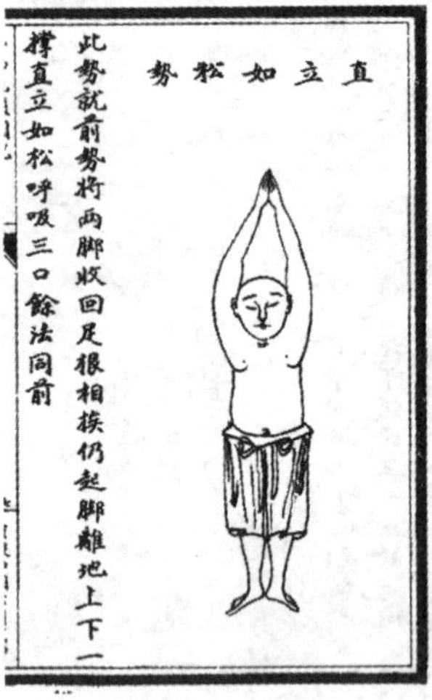

图6-83

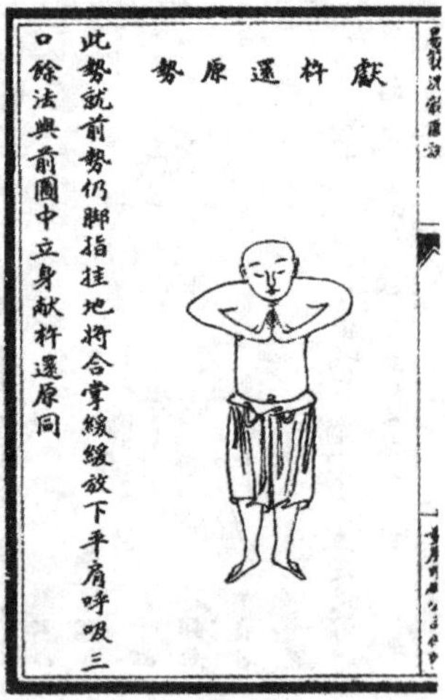

图6-84

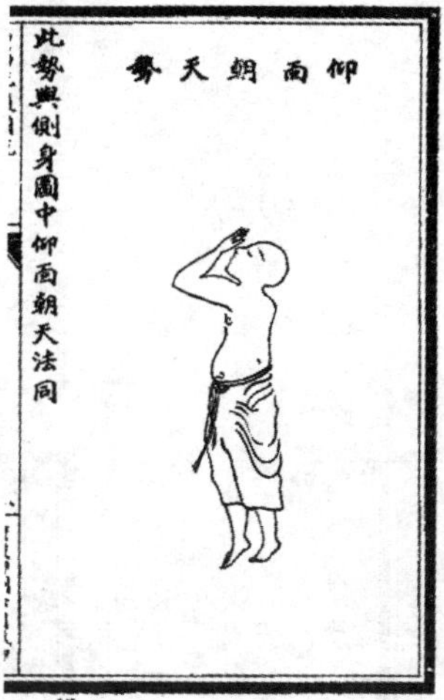

图6-85

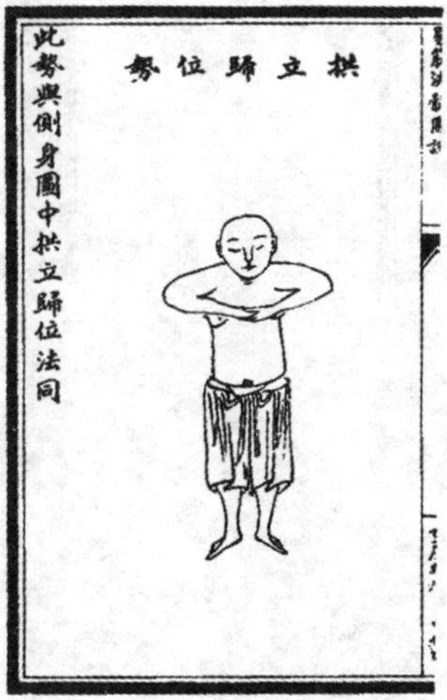

图6-86

六、扭身图说

18势。（图6-87 ~ 图6-104）

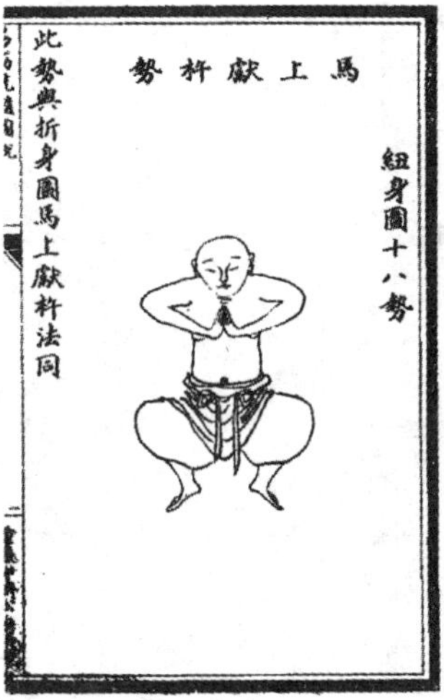

图6-87

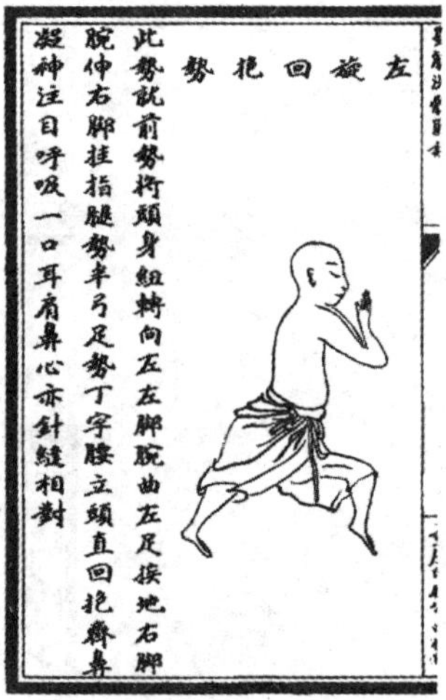

图6-88

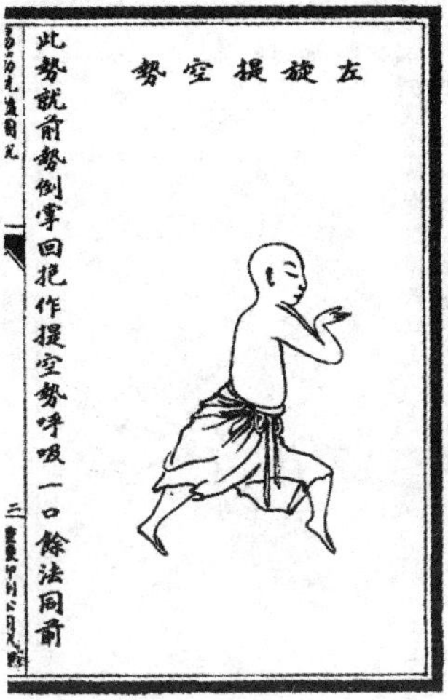

图6-89

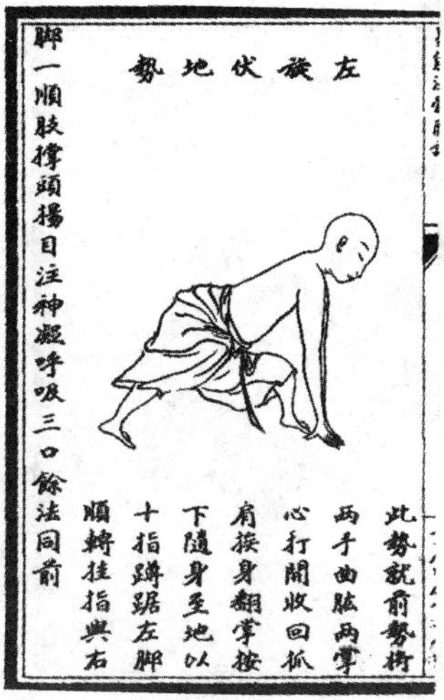

图6-90

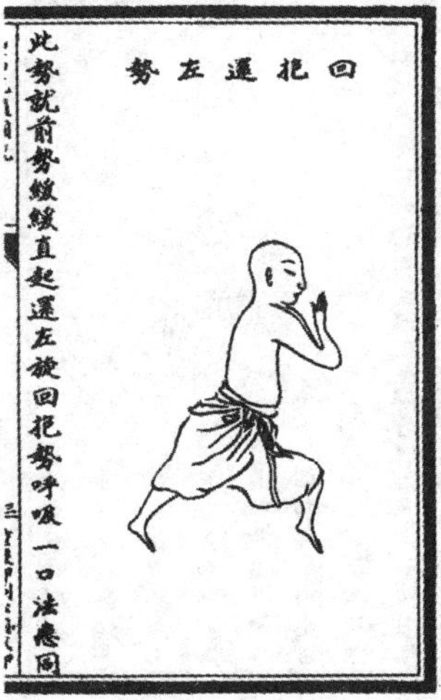

图6-91

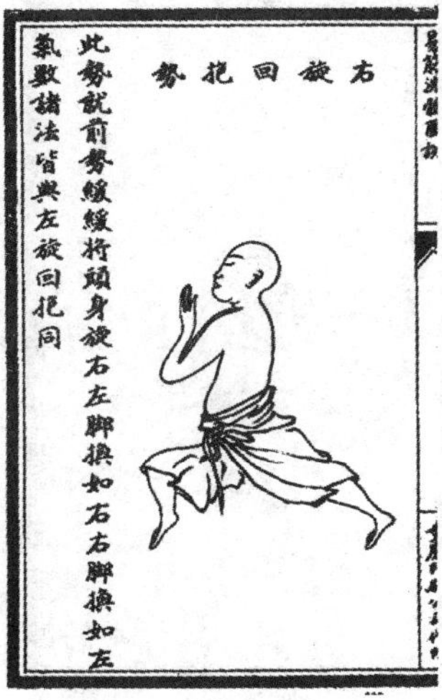

图6-92

图6-93

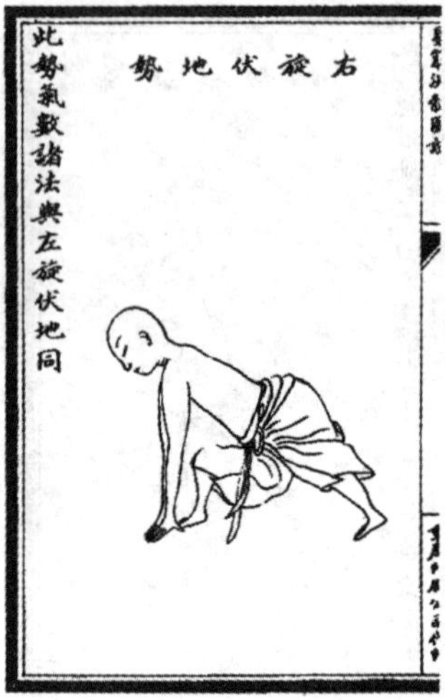

图6-94

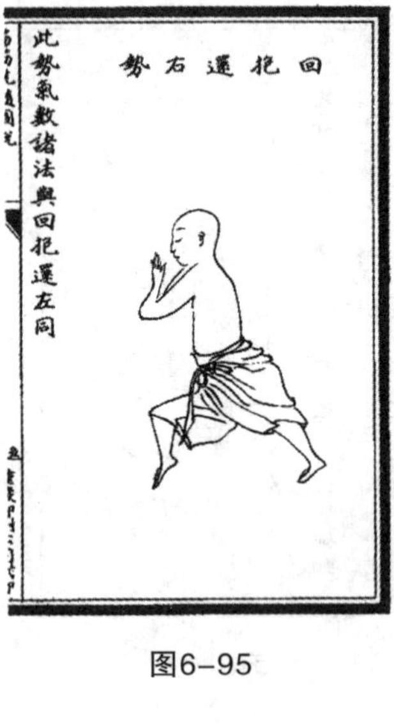

图6-95

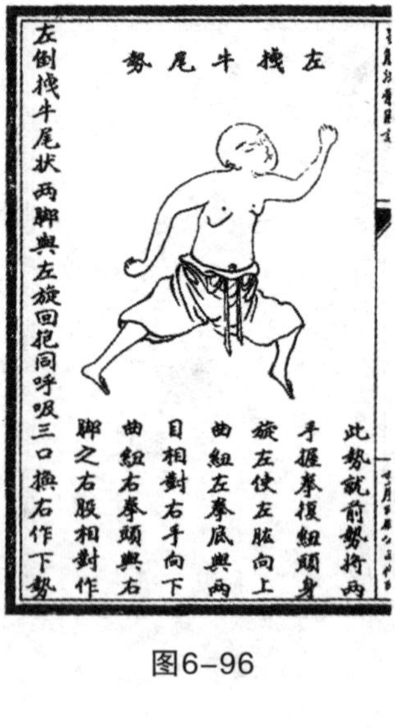

图6-96

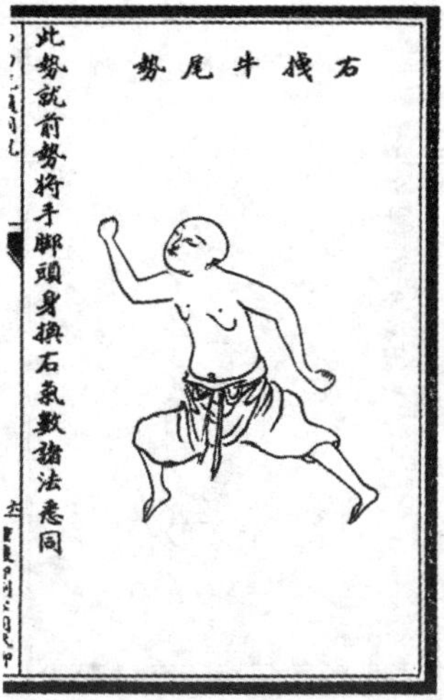

图6-97

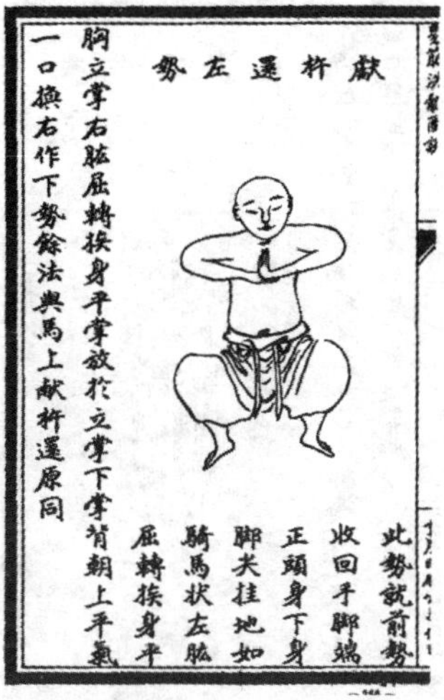

图6-98

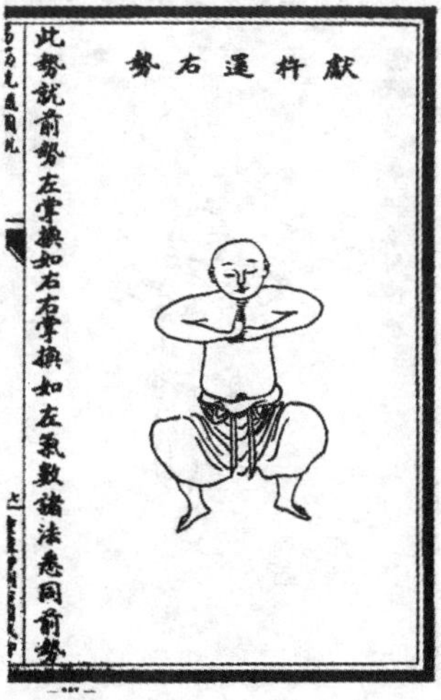

图6-99

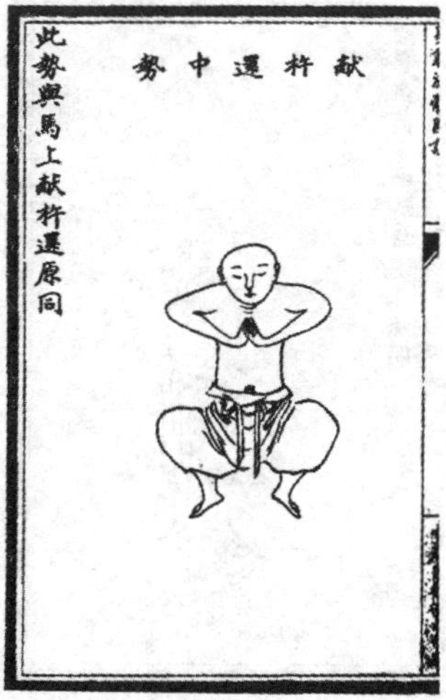

图6-100

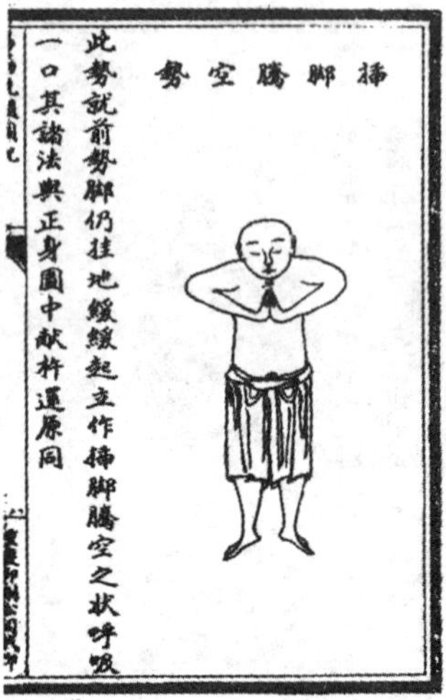

图6-101

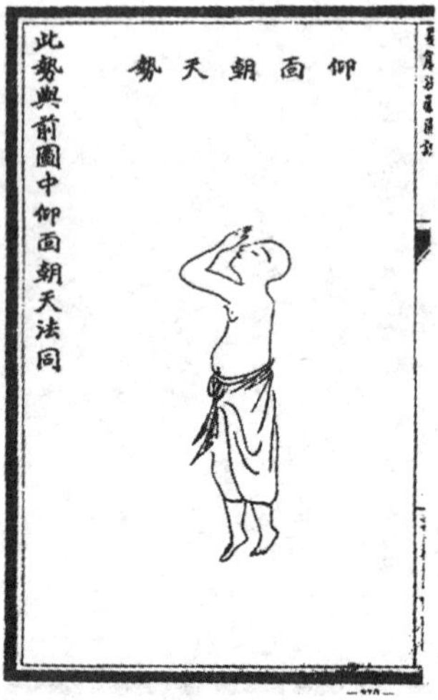

图6-102

图6-103

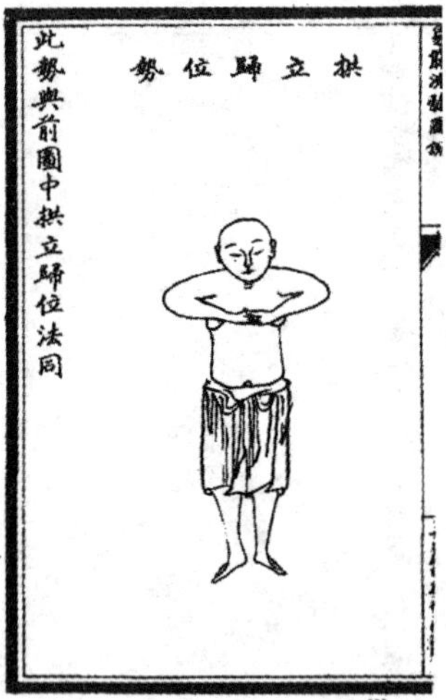

图6-104

七、倒身图说

6势。（图6–105～图6–110）

图6–105

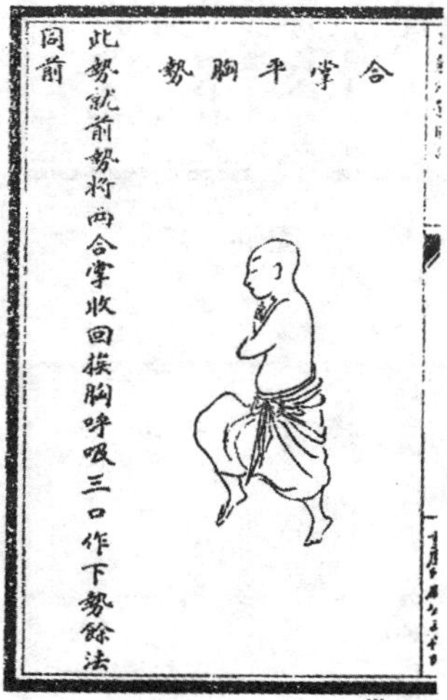

图6–106

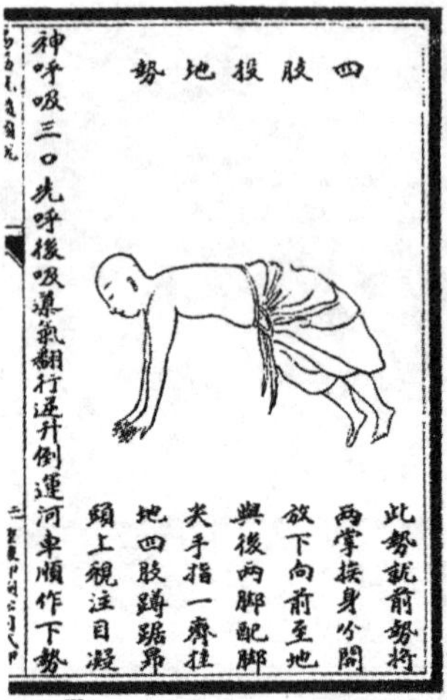

图6-107

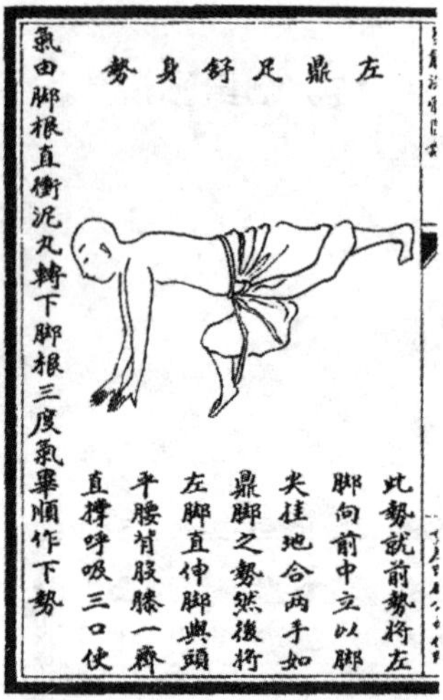

图6-108

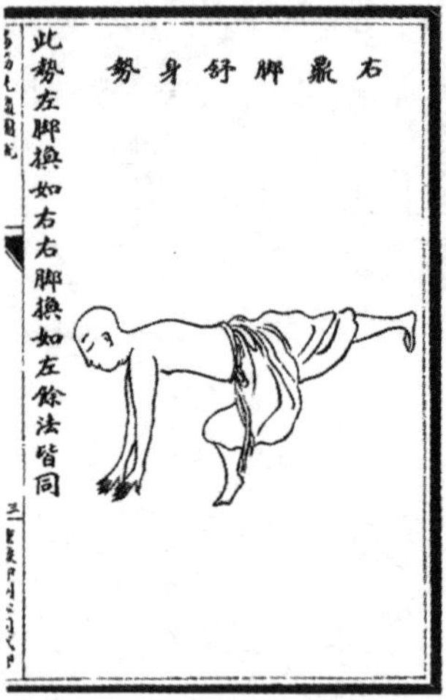

图6-109

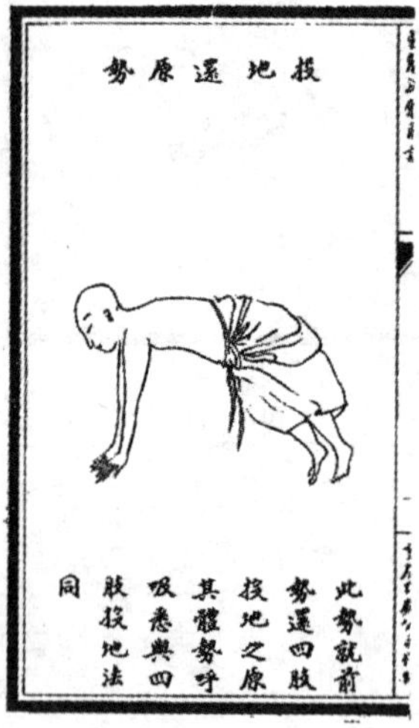

图6-110

八、翻身图说

13势。（图6-111 ~ 图6-123）

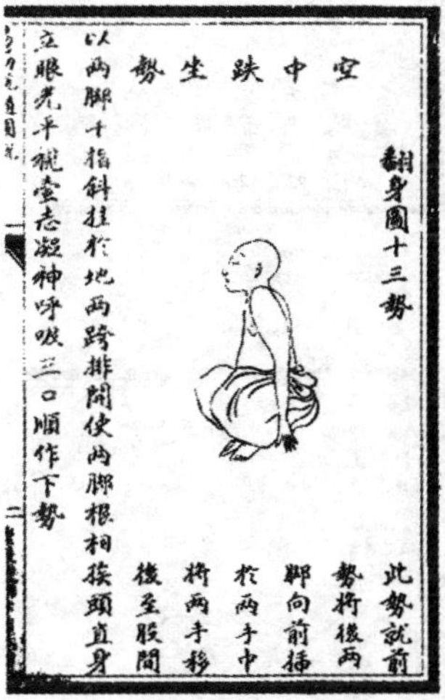

图6-111

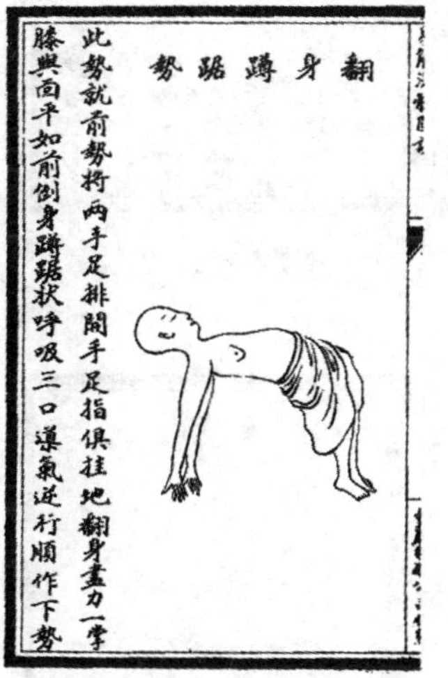

图6-112

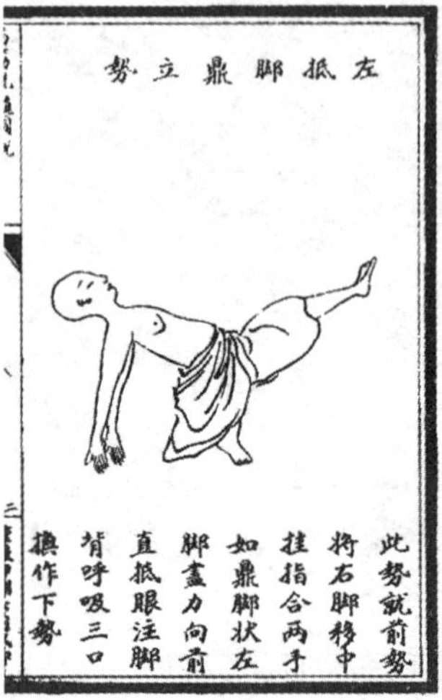

图6-113

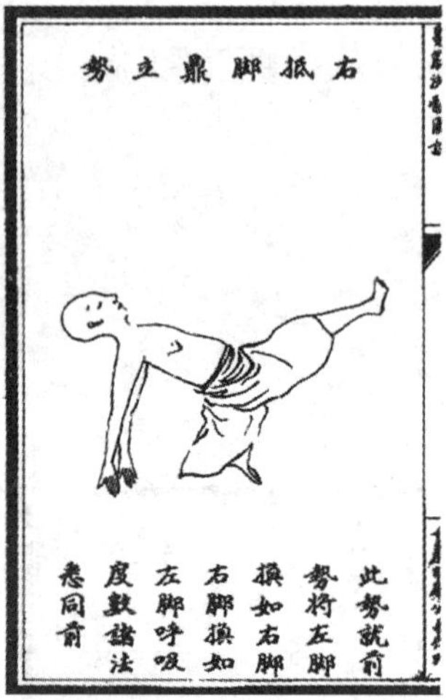

图6-114

图6-115

图6-116

图6-117

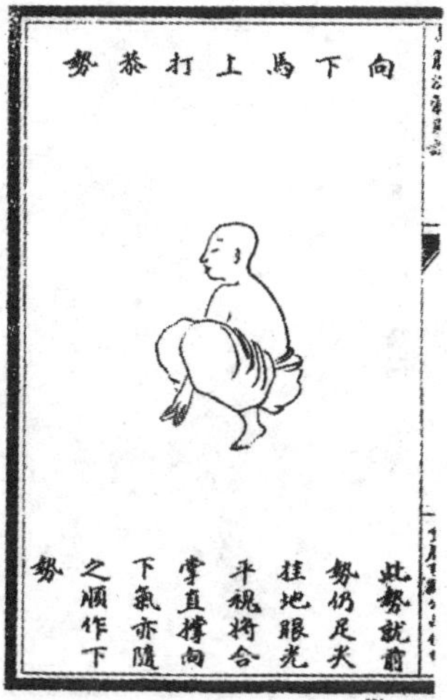

图6-118

图6-119

图6-120

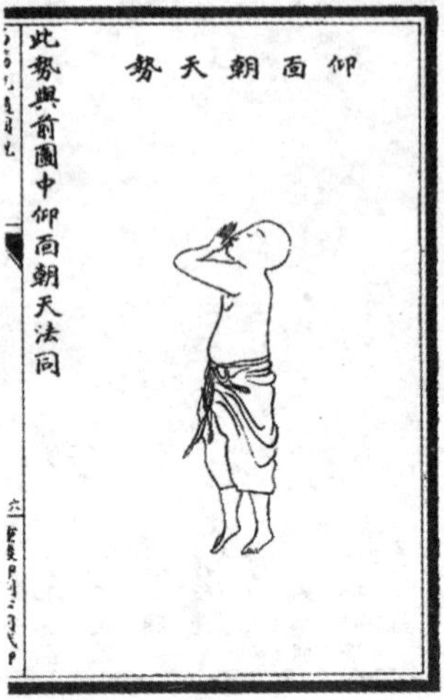

图6-121

图6-122

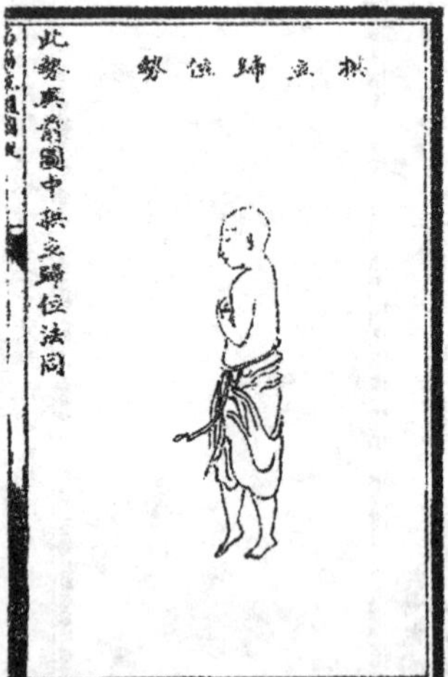

图6-123

九、行身图说

34势。（图6–124 ~ 图6–158）

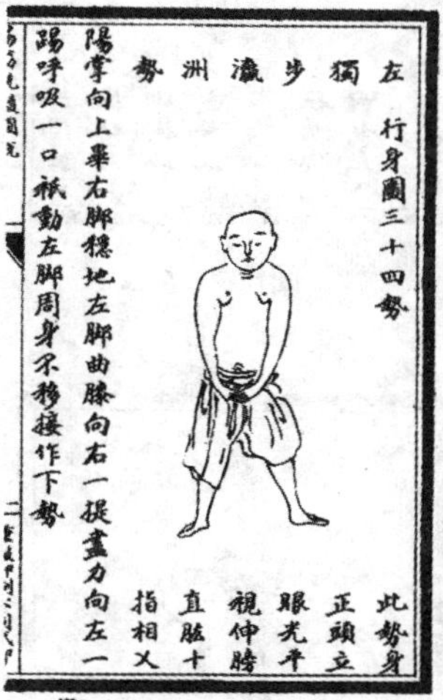

图6–124

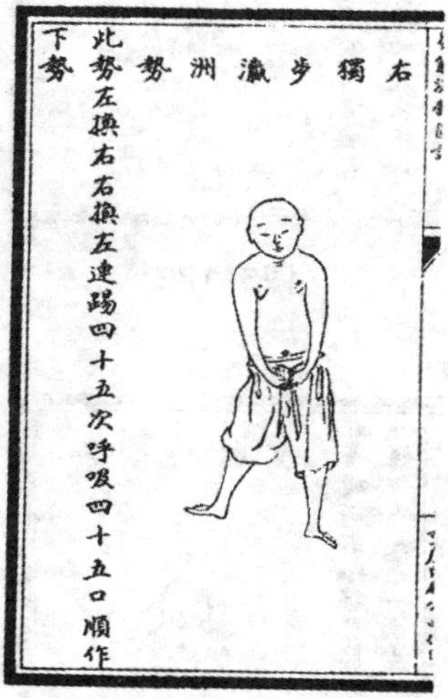

图6–125

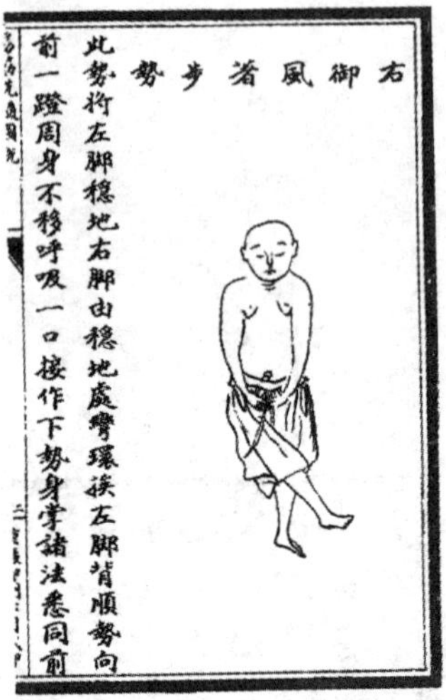

图6-126

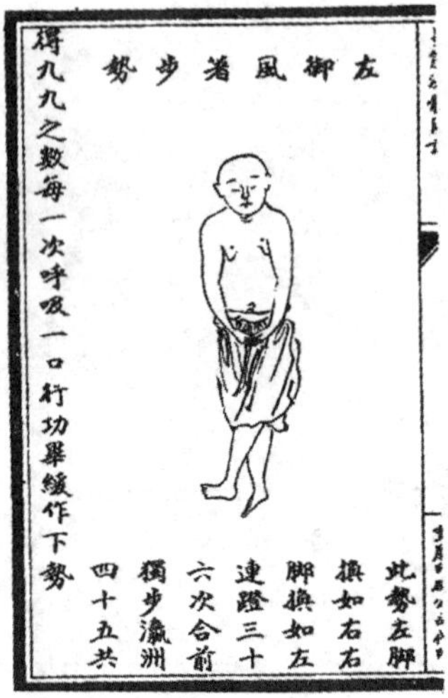

图6-127

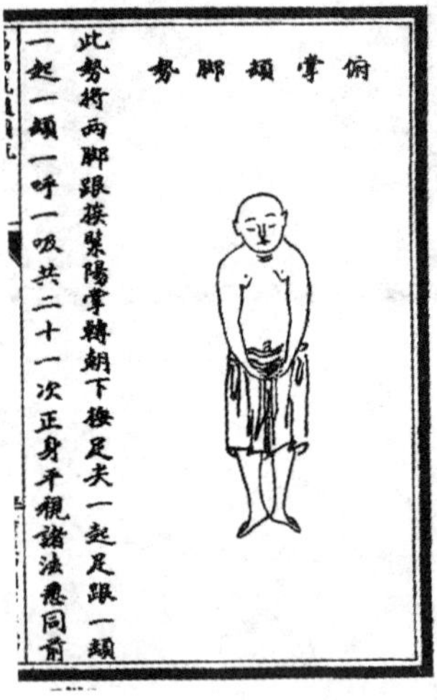

图6-128

图6-129

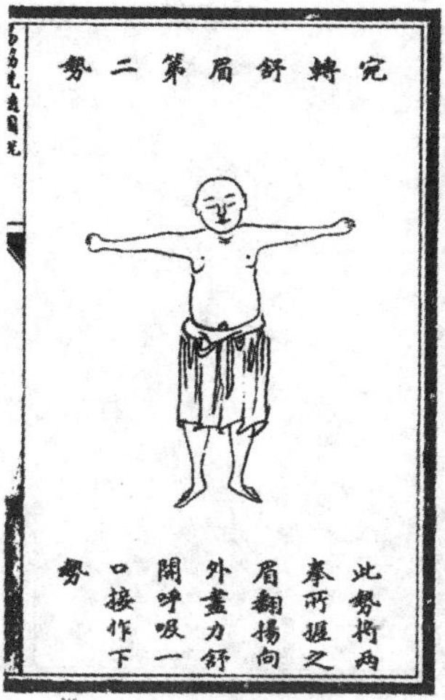

图6-130

图6-131

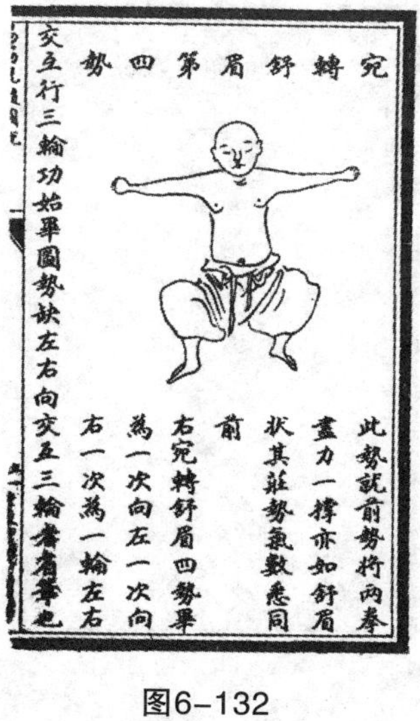

图6-132

图6-133

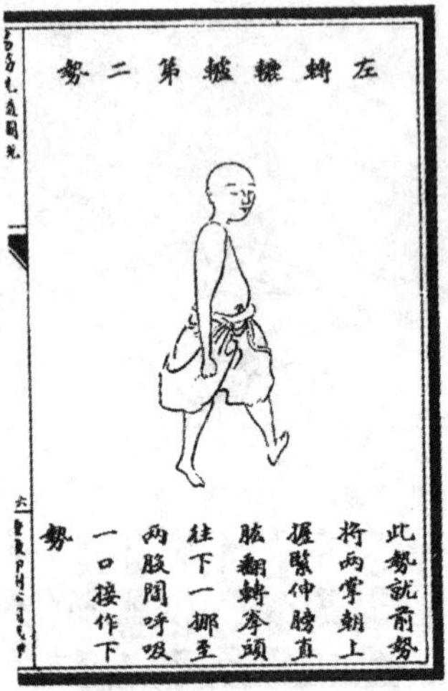

图6-134

图6-135

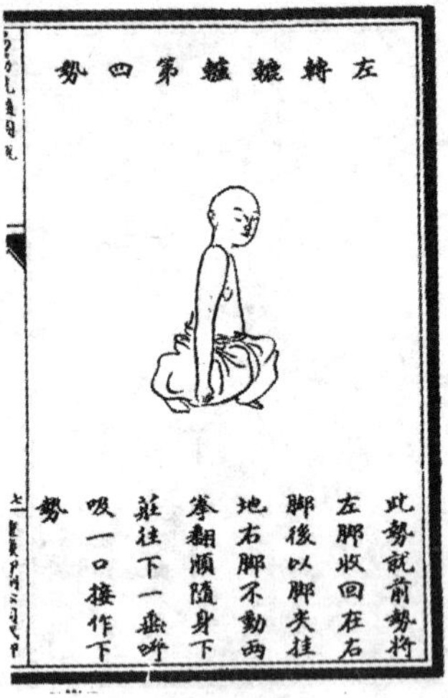

图6-136

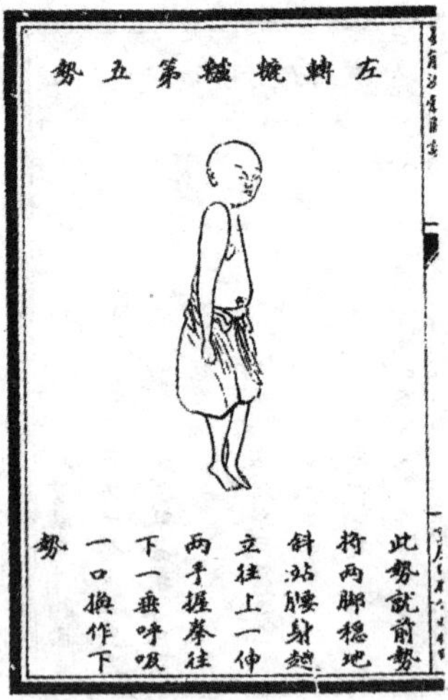

图6-137

图6-138

图6-139

图6-140

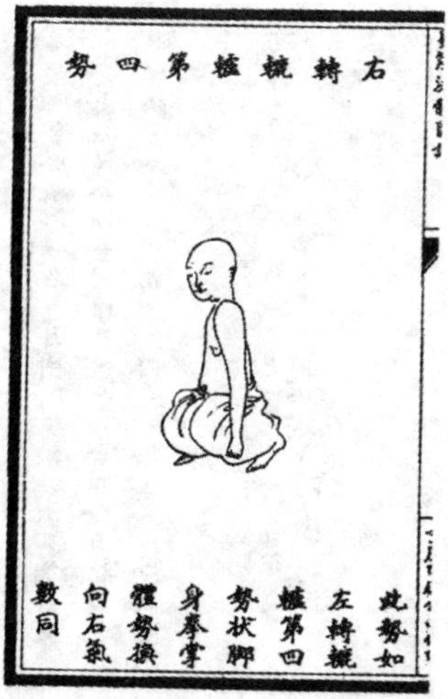

图6-141

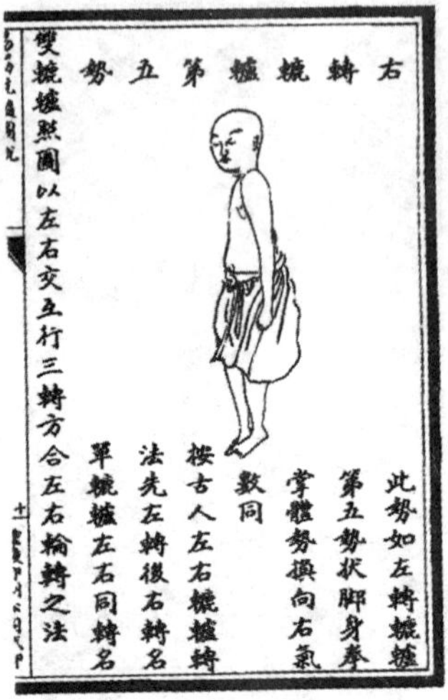

图6-142

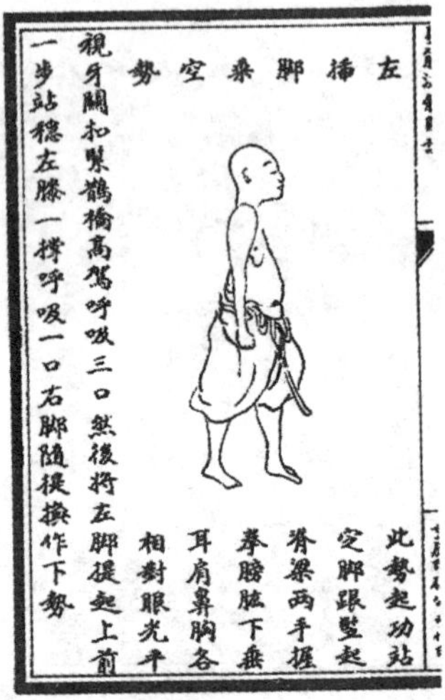

图6-143

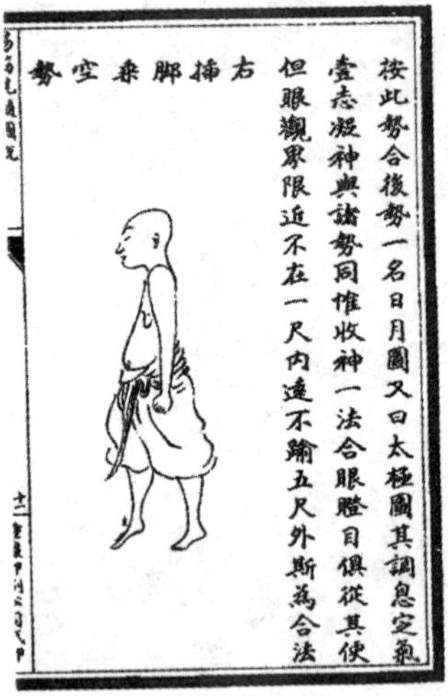

图6-144

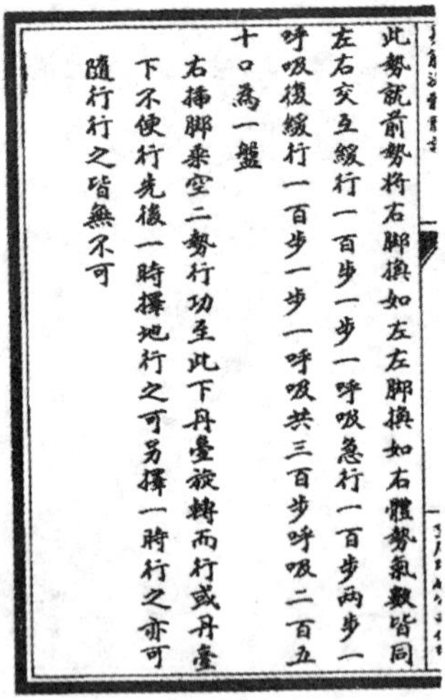

图6-145

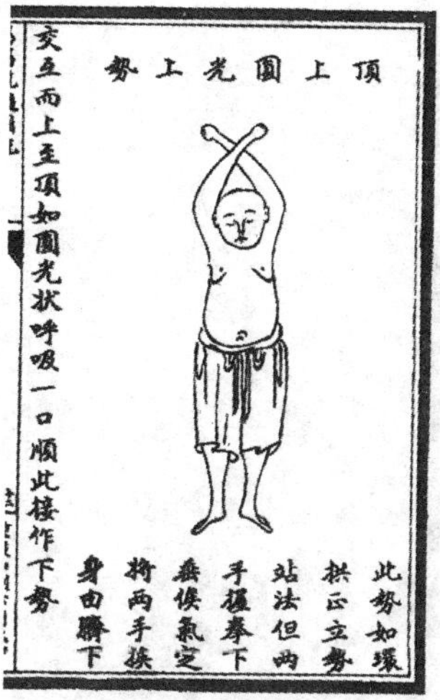

图6-146

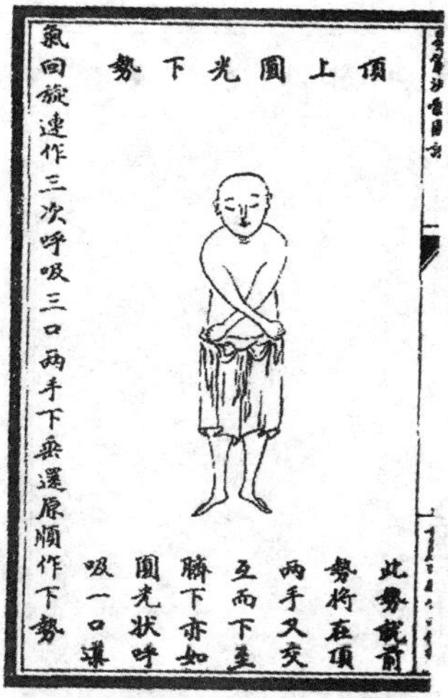

图6-147

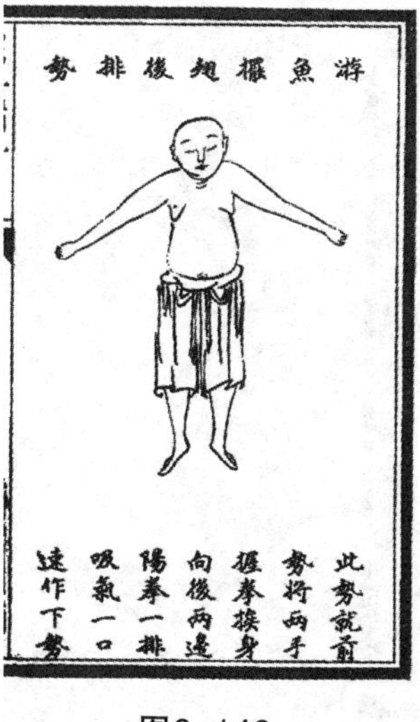

图6-148

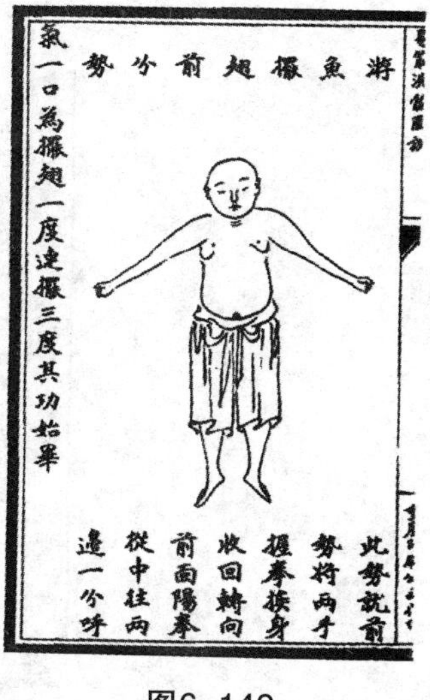

图6-149

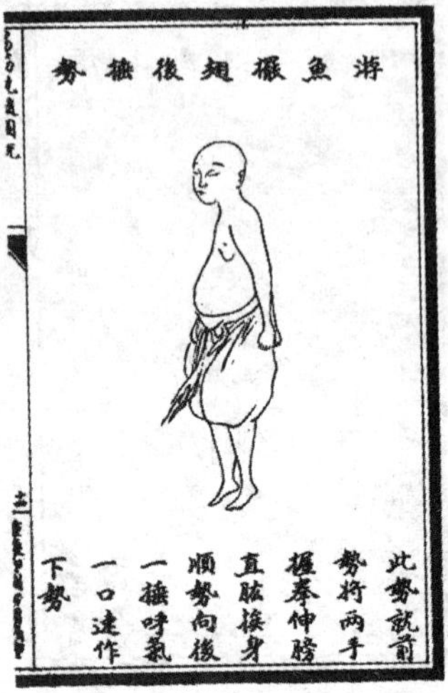

图6-150

图6-151

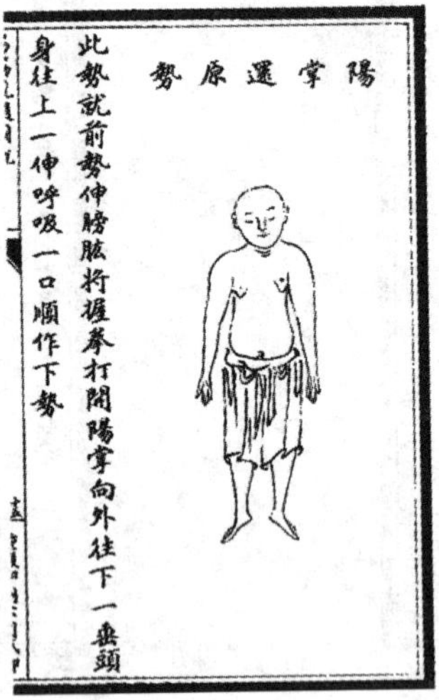

图6-152

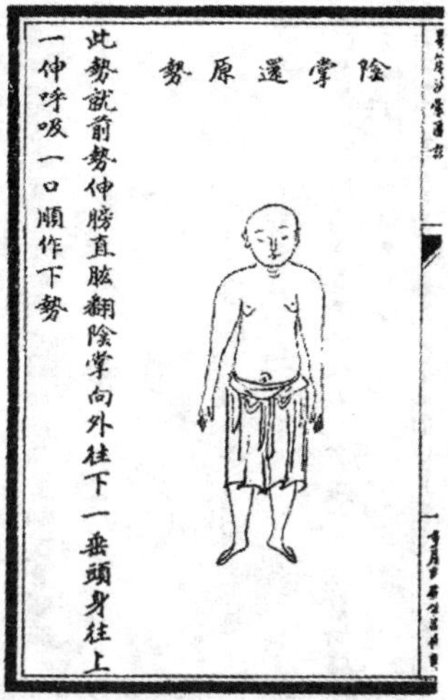

图6-153

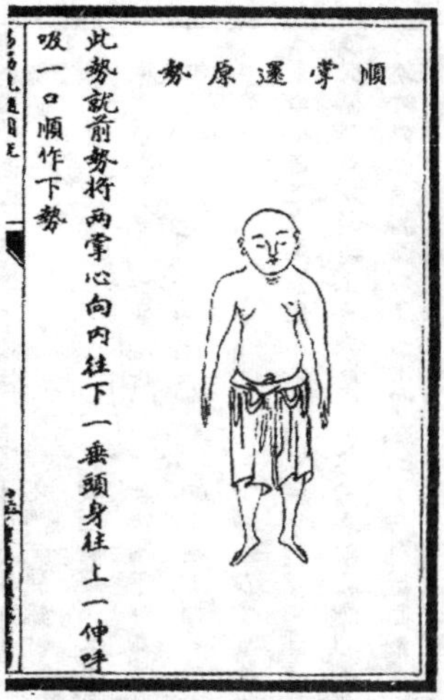

图6-154

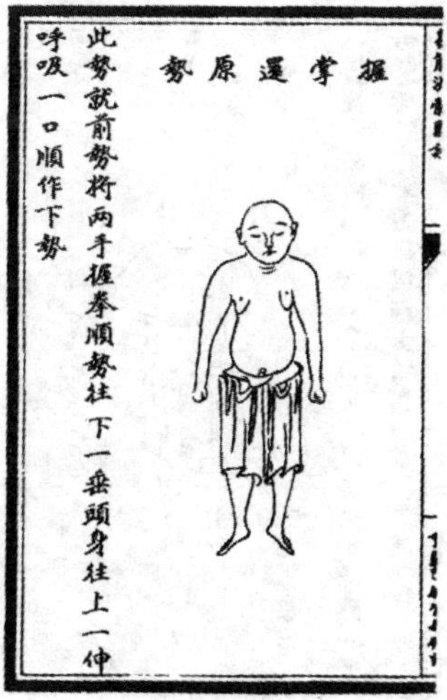

图6-155

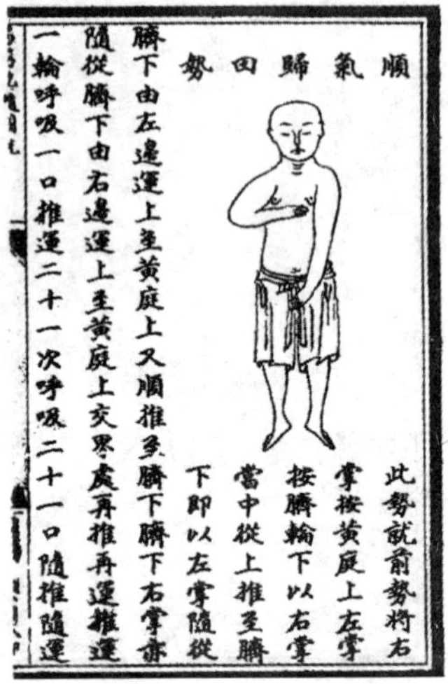

順氣歸田勢

此勢就前勢將右掌按黄庭上左掌按臍輪下以右掌當中從上推至臍下即以左掌隨從臍下由左邊運上至黄庭上又順推至臍下臍下右掌亦隨從臍下由右邊運上至黄庭上交界處再推再運推運一輪呼吸一口推運二十一次呼吸二十一口隨推隨運

图6-156

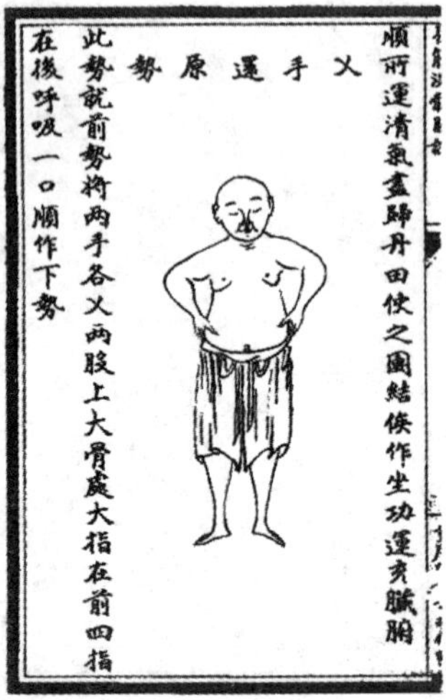

順所運清氣盡歸丹田使之團結俟作坐功運貢臟腑

叉手運原勢

此勢就前勢將兩手各叉兩股上大骨處大指在前四指在後呼吸一口順作下勢

图6-157

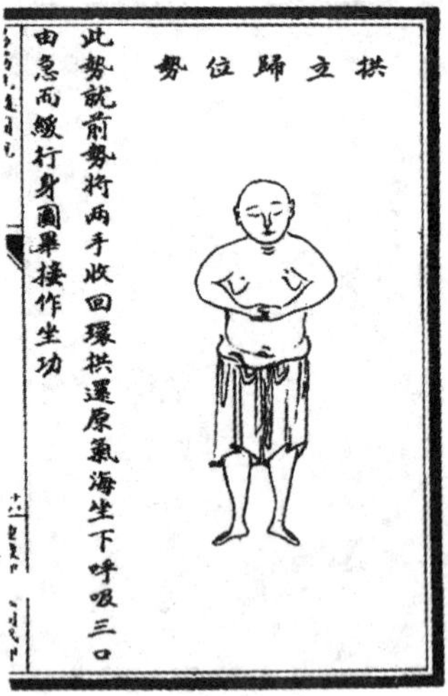

拱立歸位勢

此勢就前勢將兩手收回環拱還原氣海坐下呼吸三口由急而緩行身圓畢接作坐功

图6-158

十、坐身图说

49势。（图6-159 ~ 图6-207）

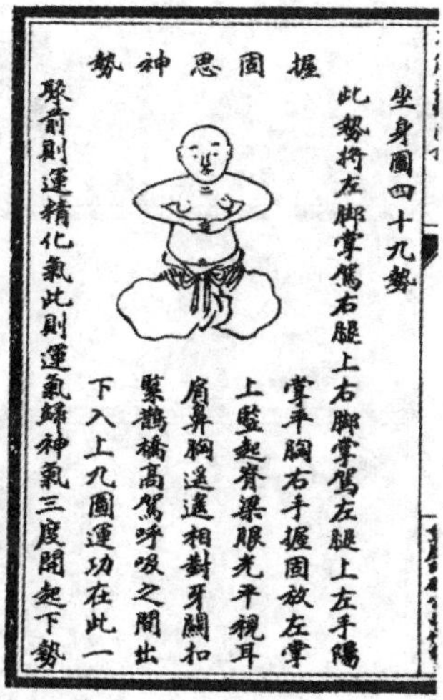
握固思神勢

坐身圖四十九勢

此勢將左脚掌駕右腿上右脚掌駕左腿上左手陽掌平胸右手握固放左掌上豎起脊梁眼光平視耳肩鼻胸遙遙相對牙關和緊鵲橋高駕呼吸之間出下入上九圖運功在此一聚前則運精化氣此則運氣歸神氣三度開起下勢

图6-159

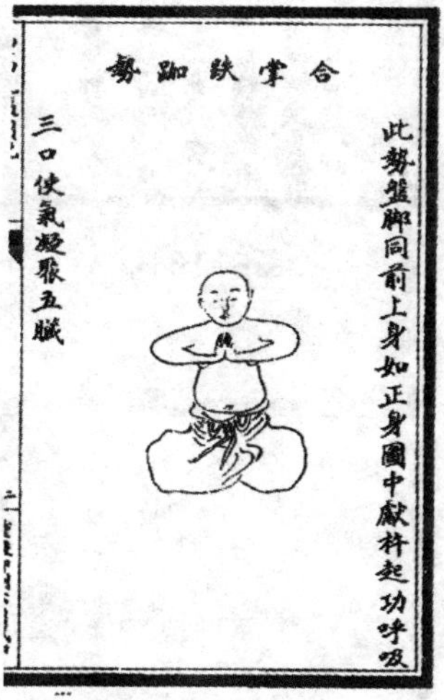
合掌趺跏勢

此勢盤脚同前上身如正身圖中獻杵起功呼吸三口使氣凝聚五臟

图6-160

雙手推門勢

此勢盤脚同前上身如正身圖中出爪亮翅状雙手陽掌向前作推門勢呼吸三口使氣會通百脉

图6–161

一團和氣勢

此勢盤脚同前上身如正身圖中雙鳳朝陽状呼吸三口使氣活活潑潑和順一團

图6–162

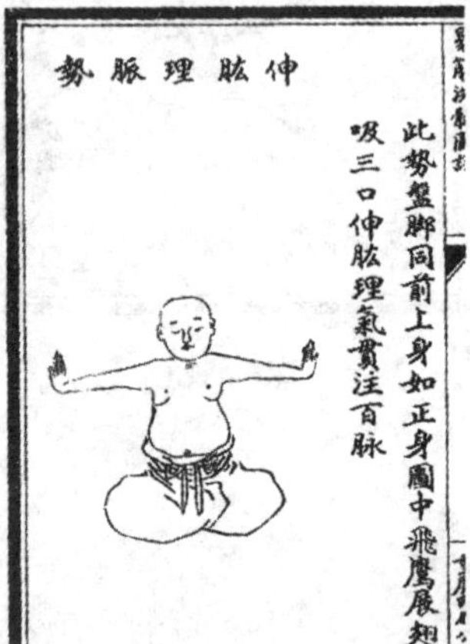
伸肱理脈勢

此勢盤脚同前上身如正身圖中飛鷹展翅状呼吸三口伸肱理氣貫注百脉

图6–163

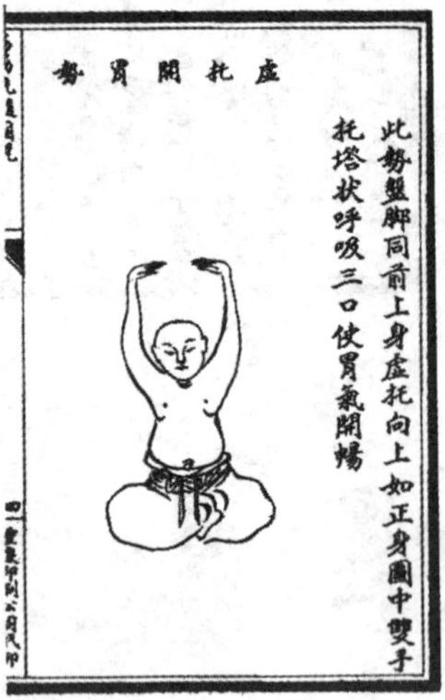
虛托開胃勢

此勢盤脚同前上身虛托向上如正身圖中雙手托塔状呼吸三口使胃氣開暢

图6–164

图6-165

图6-166

图6-167

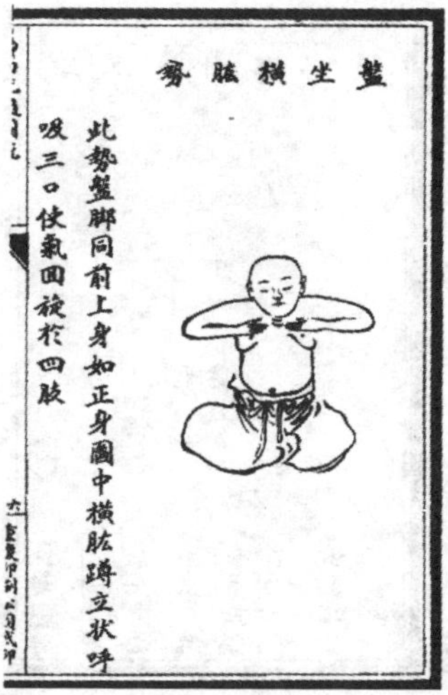

图6-168

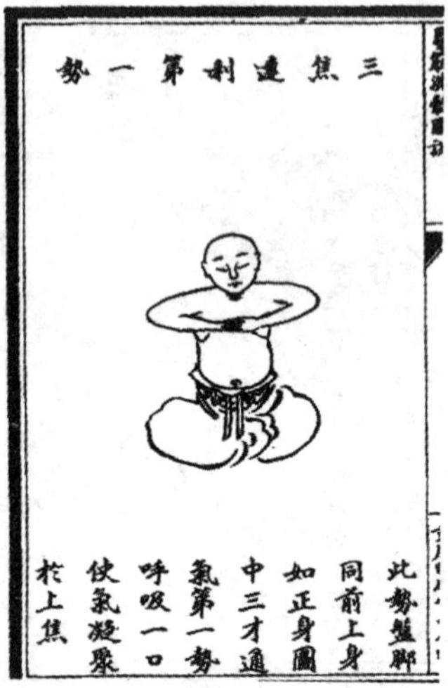

图6-169

图6-170

图6-171

图6-172

图6-173

图6-174

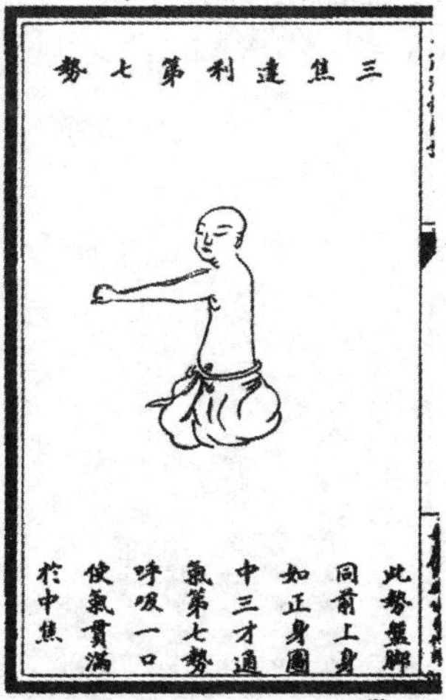

图6-175

图6-176

图6-177

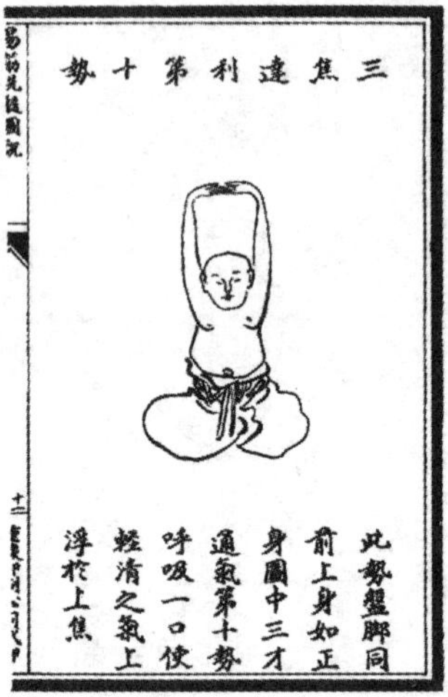

图6-178

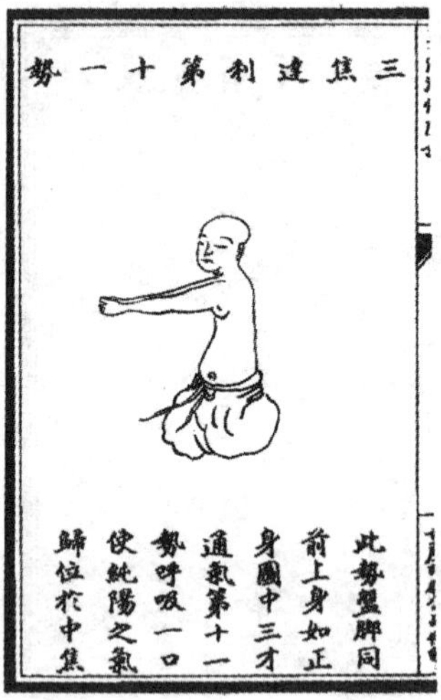

图6-179

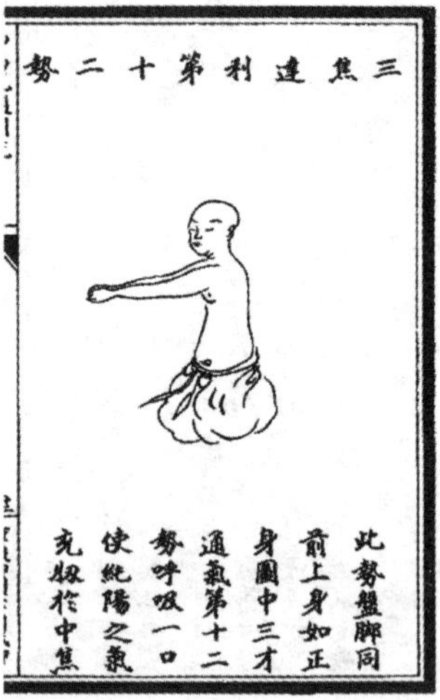

图6-180

三焦達利第十三勢

此勢盤腳同前上身如正身圖中三才通氣第十三勢呼吸一口使純陽之氣散滿於中焦

图6-181

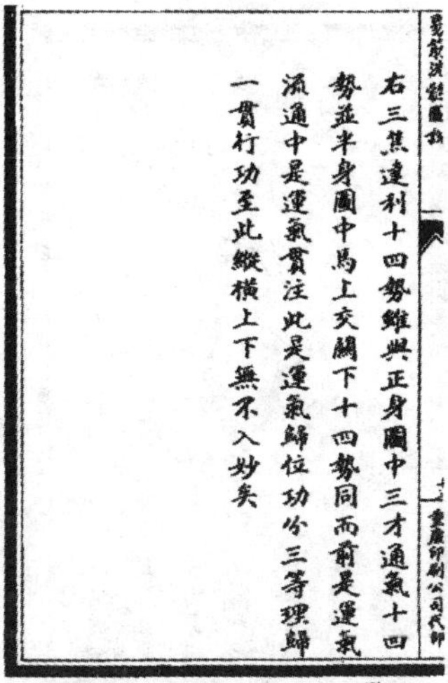
右三焦達利十四勢雖與正身圖中三才通氣十四勢並半身圖中馬上交關下十四勢同而前是運氣流通中是運氣貫注此是運氣歸位功分三等理歸一貫行功至此縱橫上下無不入妙矣

图6-181附图

三才達利第十四勢

此勢盤腳同前上身如正身圖中三才通氣第十四勢呼吸一口使重濁之氣下降於下焦

图6-182

左摘星換斗勢一

此勢盤腳同前上身如側身圖中獨手擎天勢向左呼吸三口引氣左升

图6-183

图6-184

图6-185

图6-186

图6-187

图6-188

图6-189

图6-190

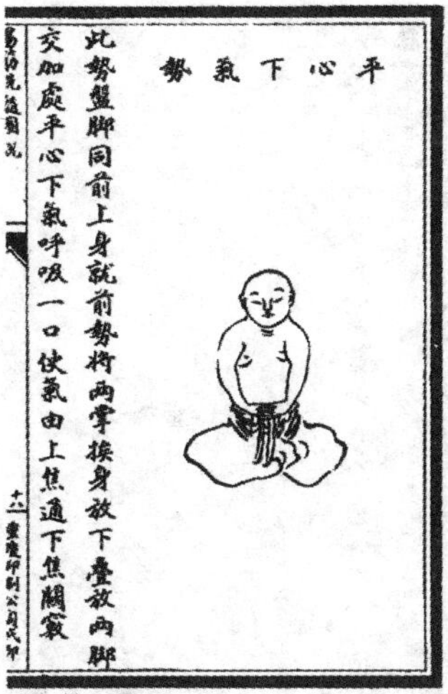

图6-191

图6-192

图6-193

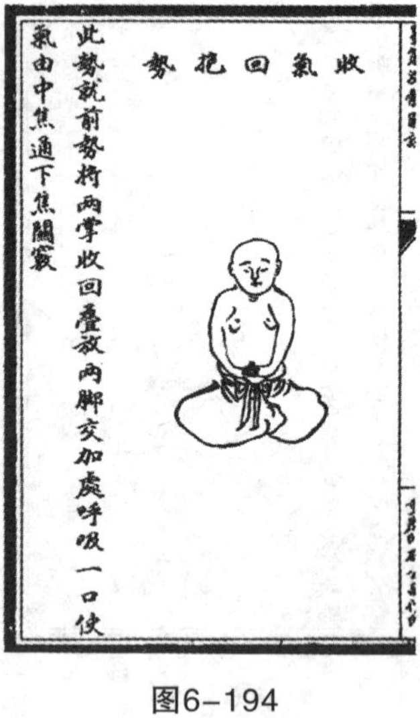

图6-194

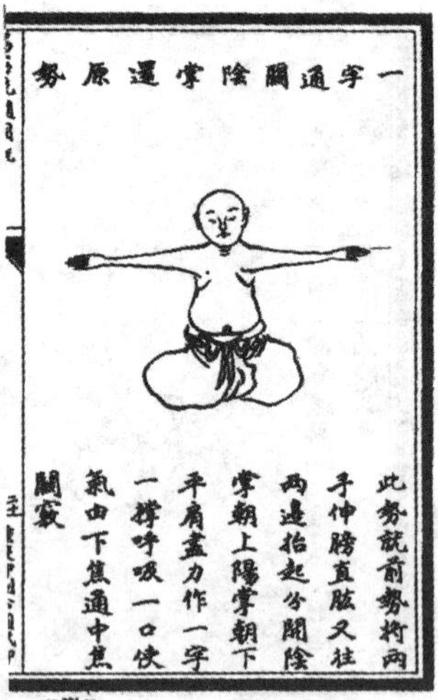

图6-195

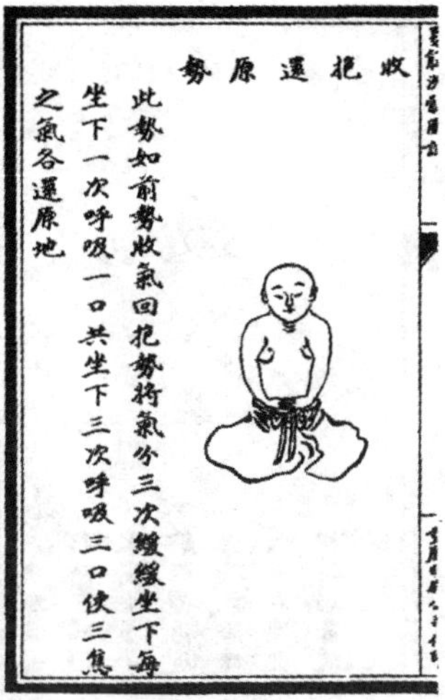

图6-196

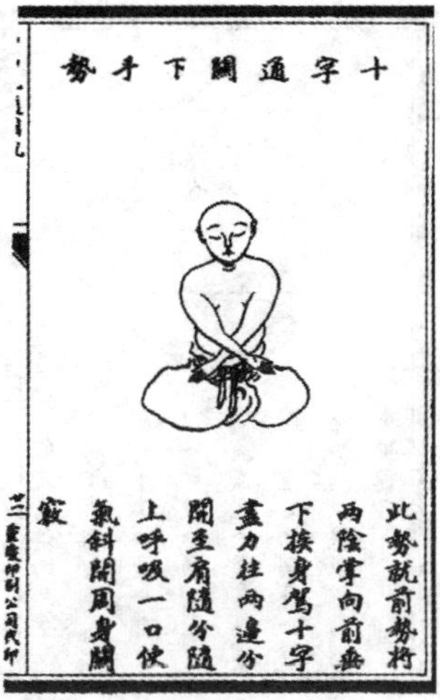

图6-197

图6-198

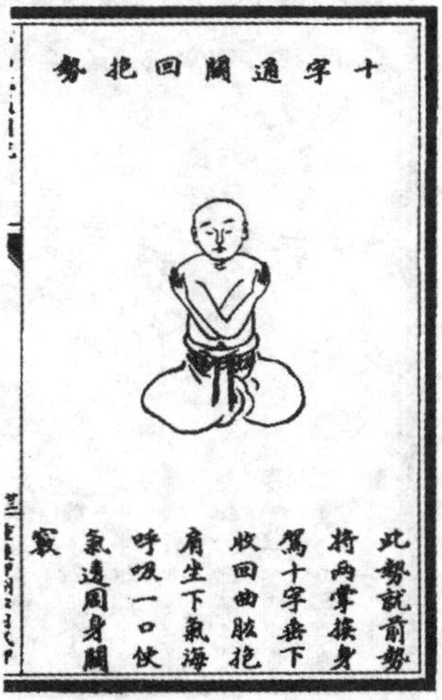

图6-199

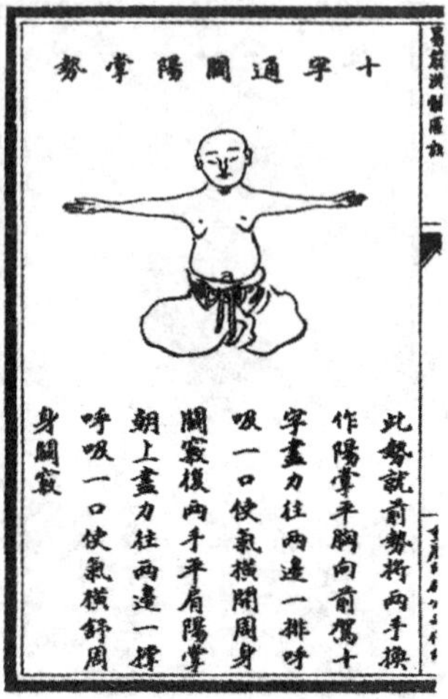

图6-200

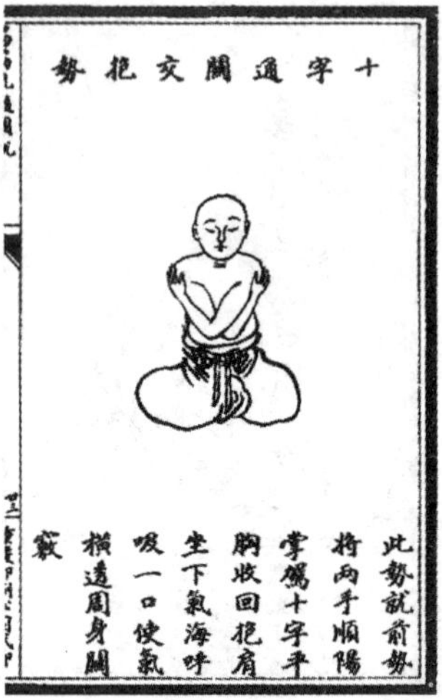

图6-201

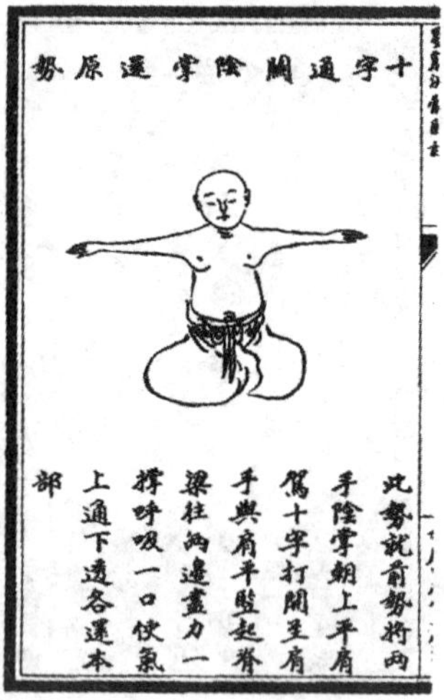

图6-202

图6-203

图6-204

图6-206

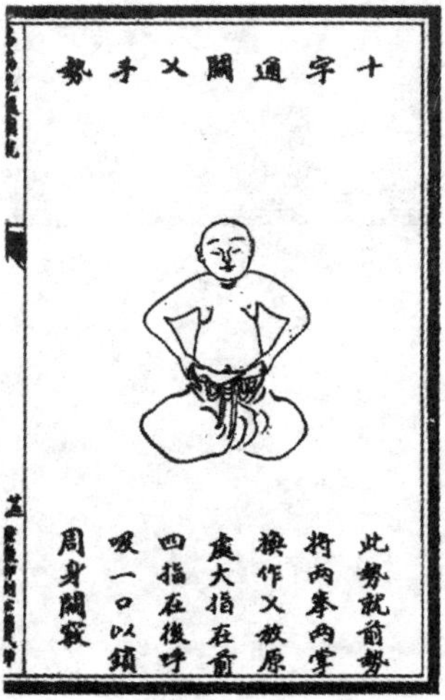

图6-205

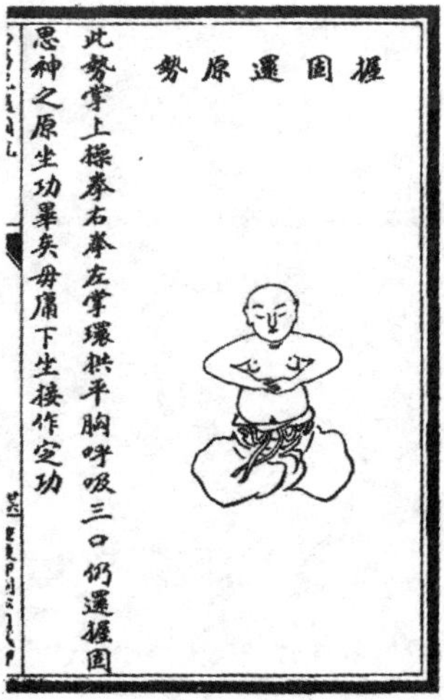

图6-207

十一、定身图说

8势。（图6–208 ~ 图6–215）

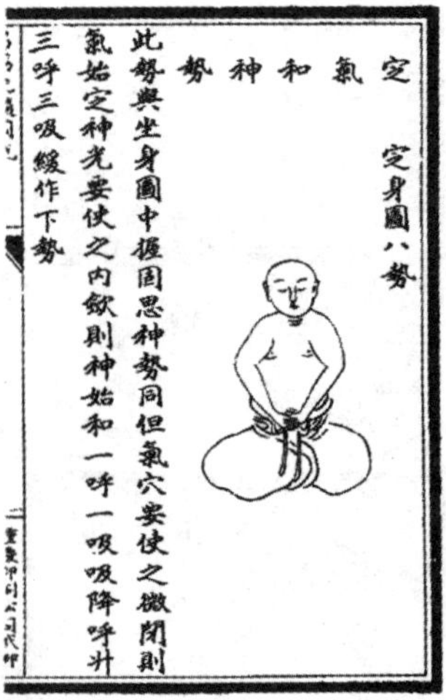
定氣和神勢
定身圖八勢
此勢與坐身圖中握固思神勢同但氣穴要使之微閉則氣始定神光要使之內斂則神始和一呼一吸吸降呼升三呼三吸緩作下勢

图6–208

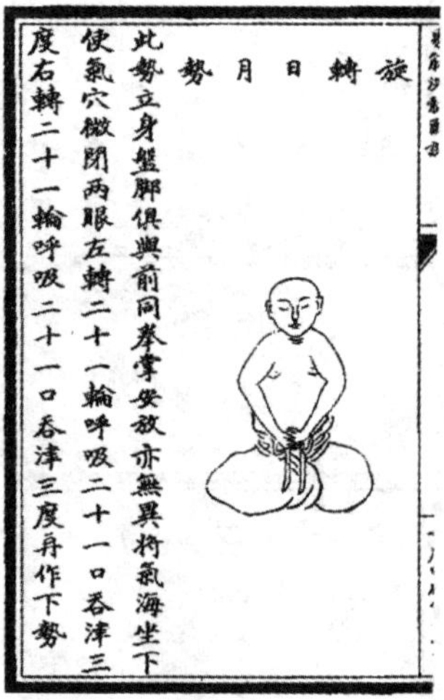
旋轉日月勢
此勢立身盤腳俱與前同拳掌安放亦無異將氣海坐下使氣穴微閉兩眼左轉二十一輪呼吸二十一口吞津三度右轉二十一輪呼吸二十一口吞津三度再作下勢

图6–209

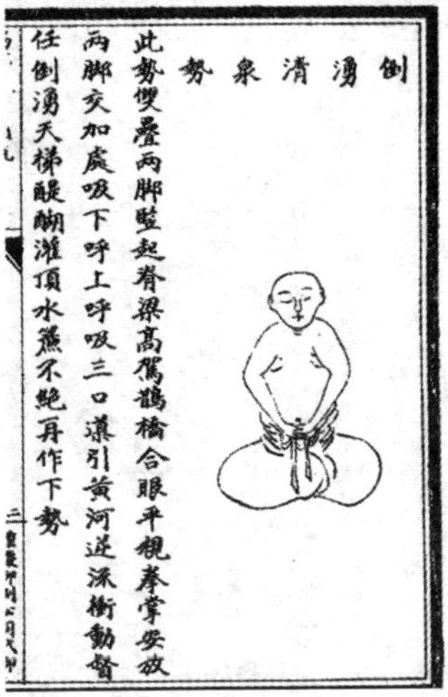

图6-210

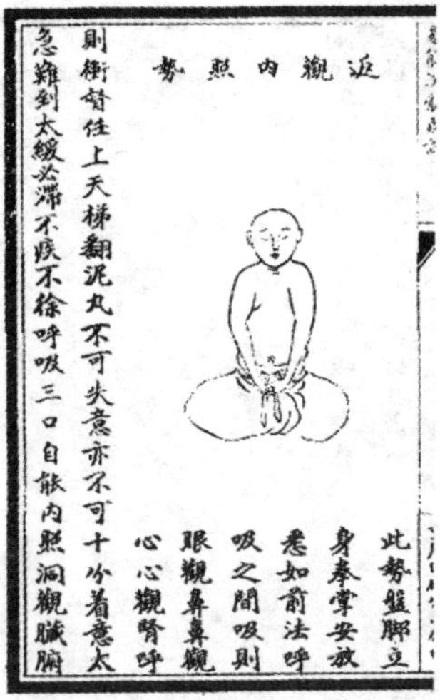

图6-211

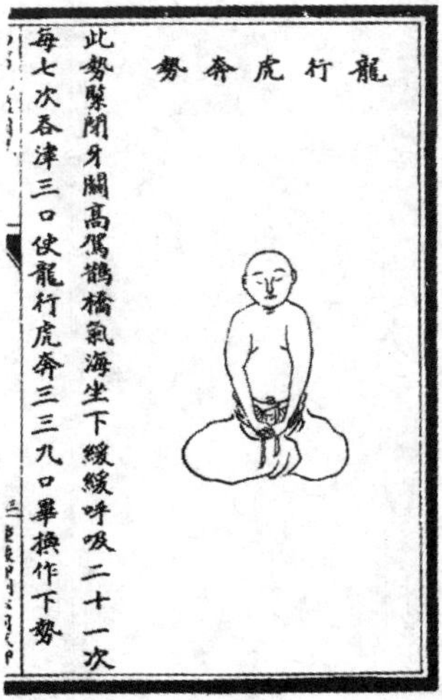

图6-212

图6-213

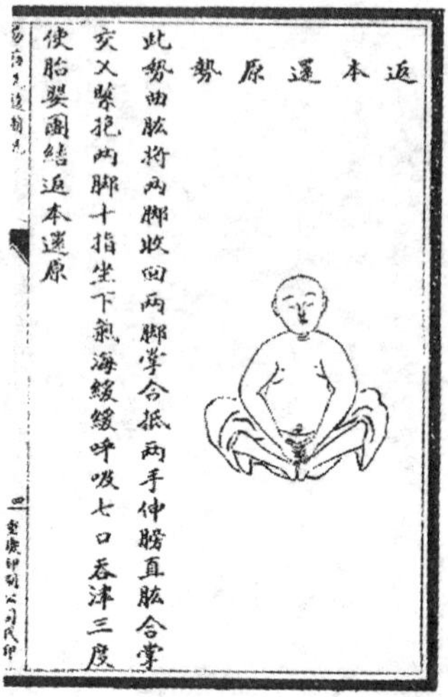

图6-214

图6-215

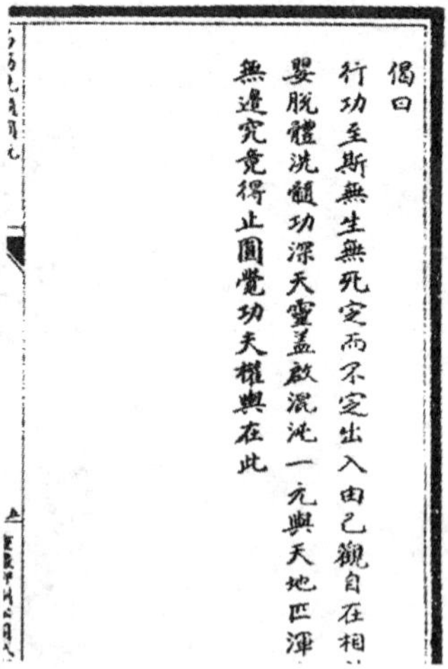

图6-215附图

十二、卧身图说

10势。（图6-216～图6-225）

图6-216

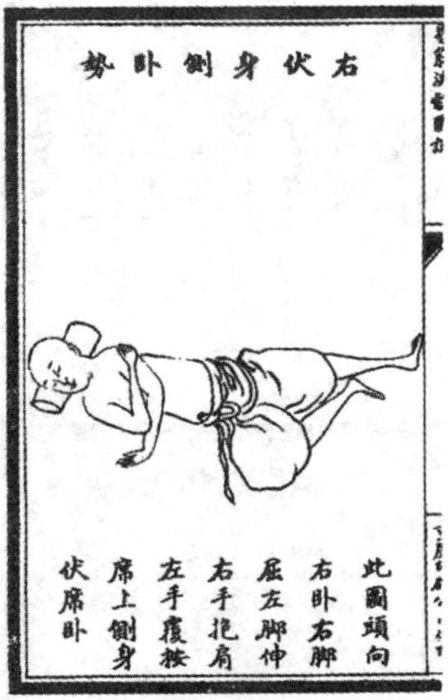

图6-217

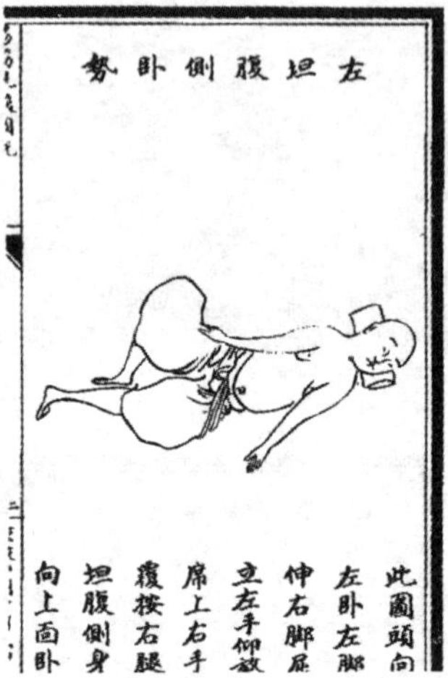

图6-218

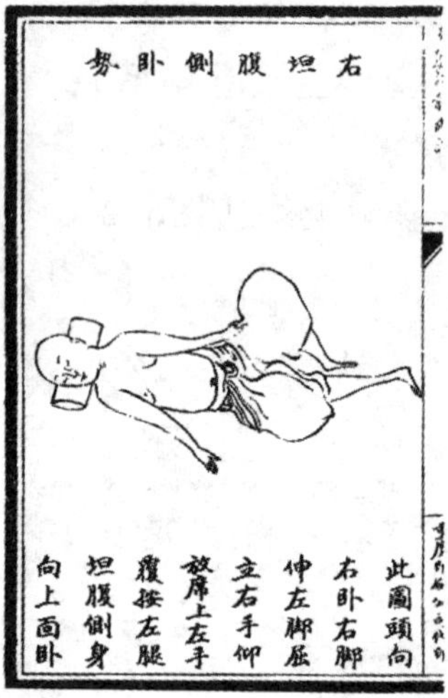

图6-219

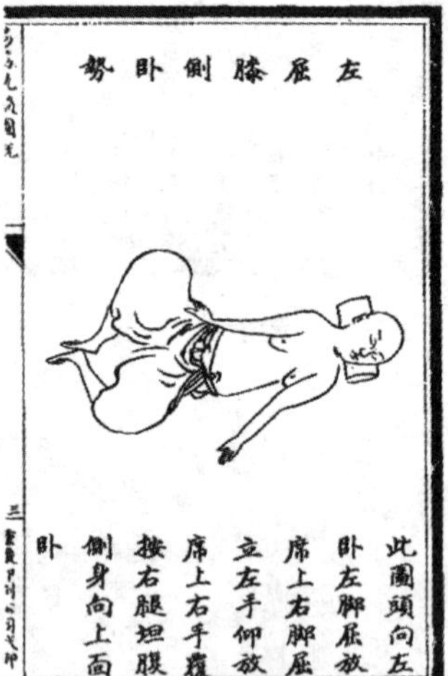

图6-220

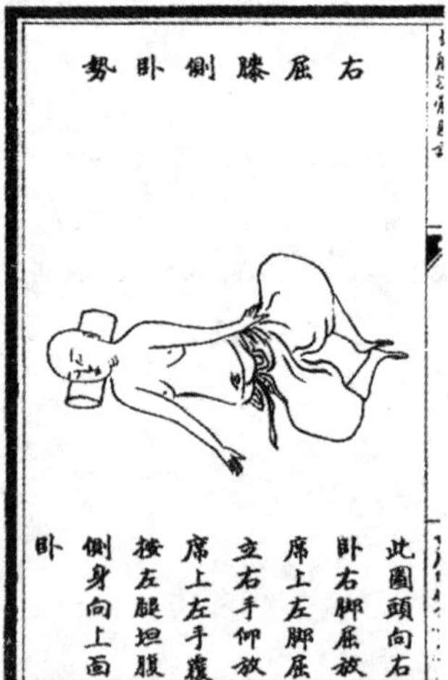

图6-221

图6-222

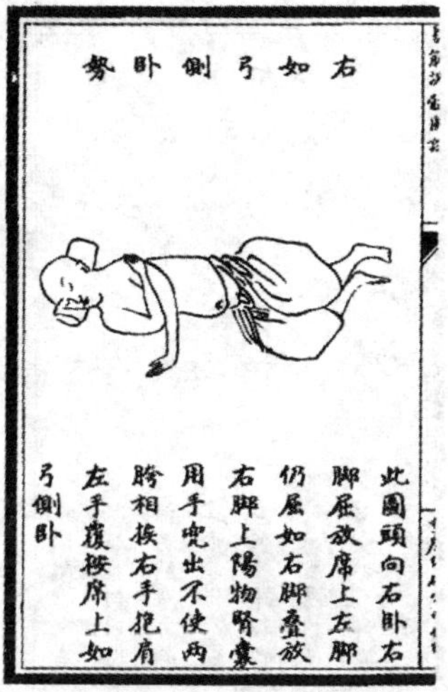

图6-223

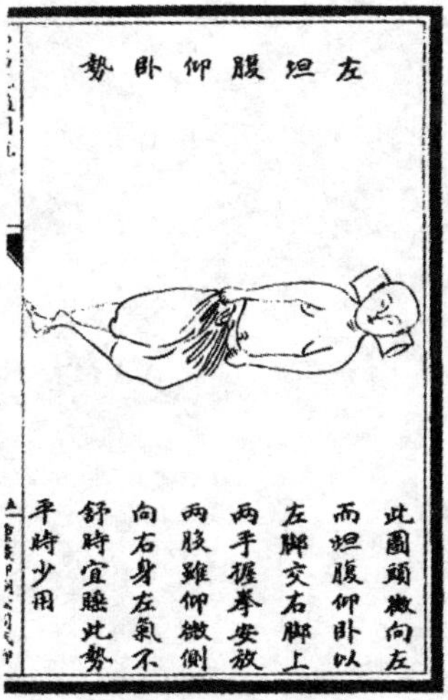

图6-224

右坦腹仰卧势

此圖頭微向右而坦腹仰身卧以右脚交左脚上兩手握拳安放兩股雖仰微側向左身右氣不舒時宜睡此勢平時少用

图6-225

凡睡衣宜解帶宜鬆床求平坦被無覆頭枕不可過高亦不可過低以頭居肩中為度手不可抱頭亦不可放骨縫處以阻氣道兩跨宜微開使腎囊陽物不壓斯為合法

图6-225附图